元氣い百歳

元気が最高のボランティア

VOL 19

はしがき

本誌は「元気に百歳」クラブの会員が投稿する文集です。毎年一回発刊しています。「元気に百歳」クラブは、平成十二年にスタートしました。「元気が最高のボランティア」をモットーとして、今年で十九年目を迎えるクラブです。このクラブ誌は、毎号テーマを設けています。今年は「ときめく」というテーマで、「私はこんなふうに過ごしています」というお話を集めました。

私たちは、俳句、エッセイ、パソコン、スケッチ、ゴルフ、邦楽、体操と歌、体験学習と見学などのサロンを楽しんでいます。

私たちの思いを綴った作品を、楽しく読んで頂ければ嬉しく思います。

出版チーム　一同

『元氣に百歳』第19号　目　次

●目次

私がときめいた人

私の人生を支えたもの

私の人生を支えたもの

感謝・感動

心に残る旅

今も心に秘めている

巻頭言

アルツハイマー病　真実と終焉

白澤　卓二

（しらさわ　たくじ）
白澤抗加齢医学研究所所長
お茶の水健康長寿クリニック　院長

アルツハイマー病　真実と終焉

〝認知症一一五〇万人〟時代の革命的治療プログラムとして全米で話題のベストセラー『アルツハイマー病　真実と終焉』が日本でも翻訳本として公開された。

著者のデール・ブレデセン博士は、約三十年にわたる研究からアルツハイマー病が単一の疾患ではなく、大きく三つの型に分類される疾患群であること、さらに三十六個以上の原因からなる複数の病態が複合的に関与することを発見した。この発見により新たな治療法である「リコード法」を開発、これまでにリコード法で治療した五百人以上におよぶ認知症患者の九割で認知機能の改善が認められ、米国医学会に大きな衝撃を与えている。

ブレデセン博士はアルツハイマー病の脳で蓄積されるアミロイドβタンパクが神経細胞の防御反応の結果として産生されることに注目、この防御反応を引き起こす様々な炎症や栄養障害、ホルモン異常、遺伝的背景、毒物による中毒やカビの感染などが、複合的にアルツハイマー病における脳の防御反応を引き起こしているという仮説を立てた。

リコード法で治療されたある患者は検査でグルテンに対する抗体が検出され、肥満と糖尿病を発症していた。食事をグルテンフリーでケトン食に変更、生活習慣を改善し体重が減量すると認知機能が劇的に改善した。

また、ある記憶障害を訴える七十五歳の精神科医は、女性ホ

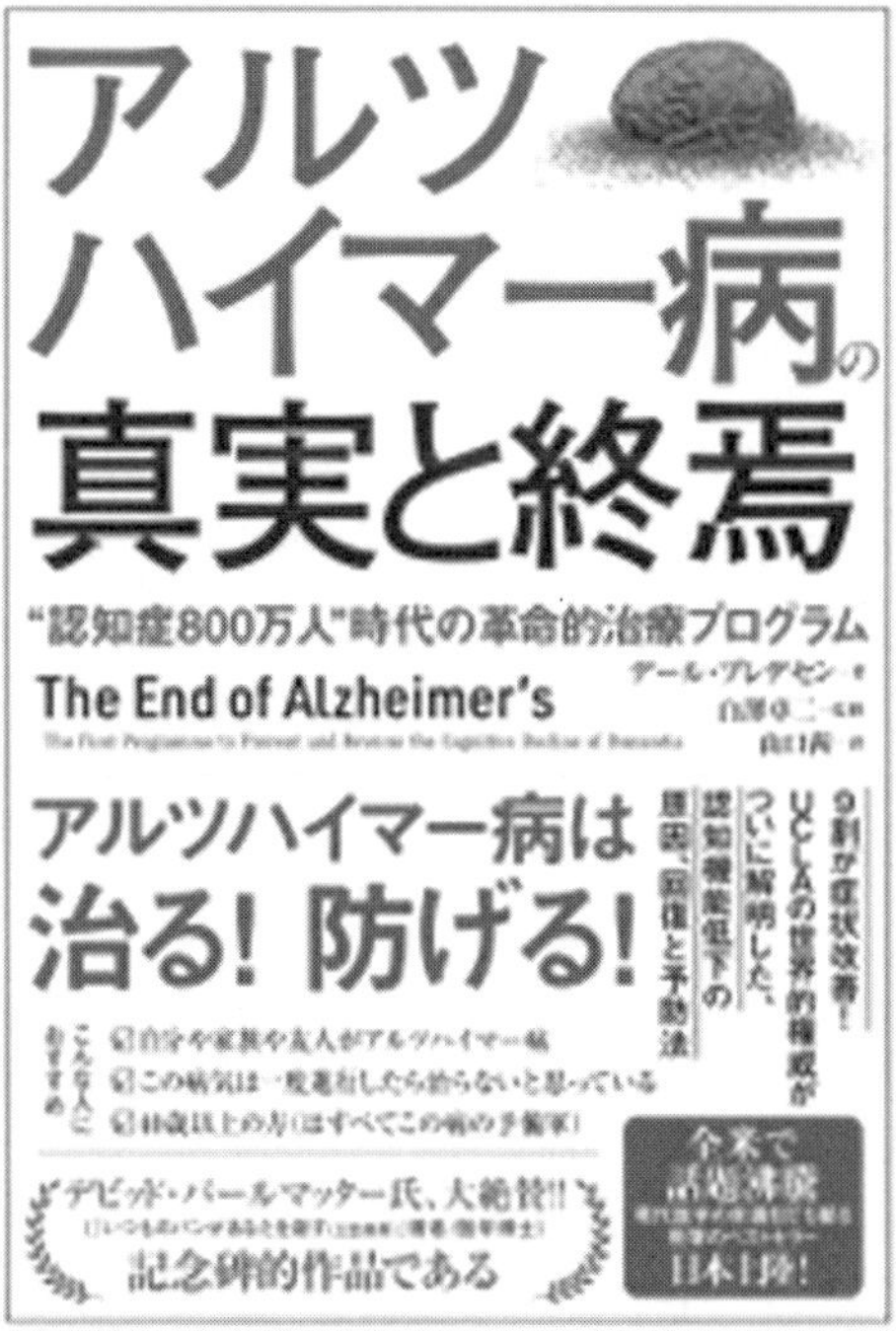

2018年２月に、ソシム株式会社から出版。好評発売中。

ルモンの低下とビタミン低下の栄養障害が認められた。リコード法によるホルモン剤、ビタミン剤補充で一年間治療した結果、記憶障害は劇的に改善した。

さらに、急に計算が不得意になった五十五歳のアルツハイマー病患者は検査で水銀とマイコトキシン（カビの毒素）が陽性にでた。カビくさい家を引っ越し、リコード法による解毒療法で症状は改善した。

リコード法はサプリによる栄養補充のみならず、食事や運動介入による包括的プログラムで構成される。食事はケトン食を基本にし、運動は毎日一時間の有酸素運動を指導、さらに腸内フローラを最適化するなどの機能性医学を導入している。終にアルツハイマー病が根本原因から治療できる時代が到来したのかも知れない。

水銀とアルツハイマー病

糖尿病や高血圧、肥満、睡眠不足やアルコールの重度飲酒がアルツハイマー病の発症要因であることが報告され、アルツハイマー病の発症には複数の病因が複合的に関与していることが分かってきた。これらの発症要因の多くが生活習慣に関連する要因なので、自己努力によりアルツハイマー病の発症を予防することが可能であるとの考え方が普及しつつある。

最近話題になっている『アルツハイマー病、真実と終焉』の著者であるデール・ブレデセン博士は、多くのアルツハイマー病患者で重金属による中毒が病因の一つになっていると指摘する。

重金属中毒の中で最も深刻なのが水銀中毒だ。水銀中毒の多くは汚染された魚の摂取によるものだが、中には何十年も前に虫歯の治療で充填されたアマルガムに含まれている水銀や、ワクチンに含まれている水銀が中毒の原因であることもある。

インドにおける海洋汚染とアルツハイマー病の関連性を長年研究しているインド国立海洋学研究所のパルササラティ・チャクラボティ博士によれば、工場から海洋に廃棄された無機水銀が海の微生物によりメチル水銀に変換、食物連鎖に取り込まれた後に生物濃縮が起き、最終

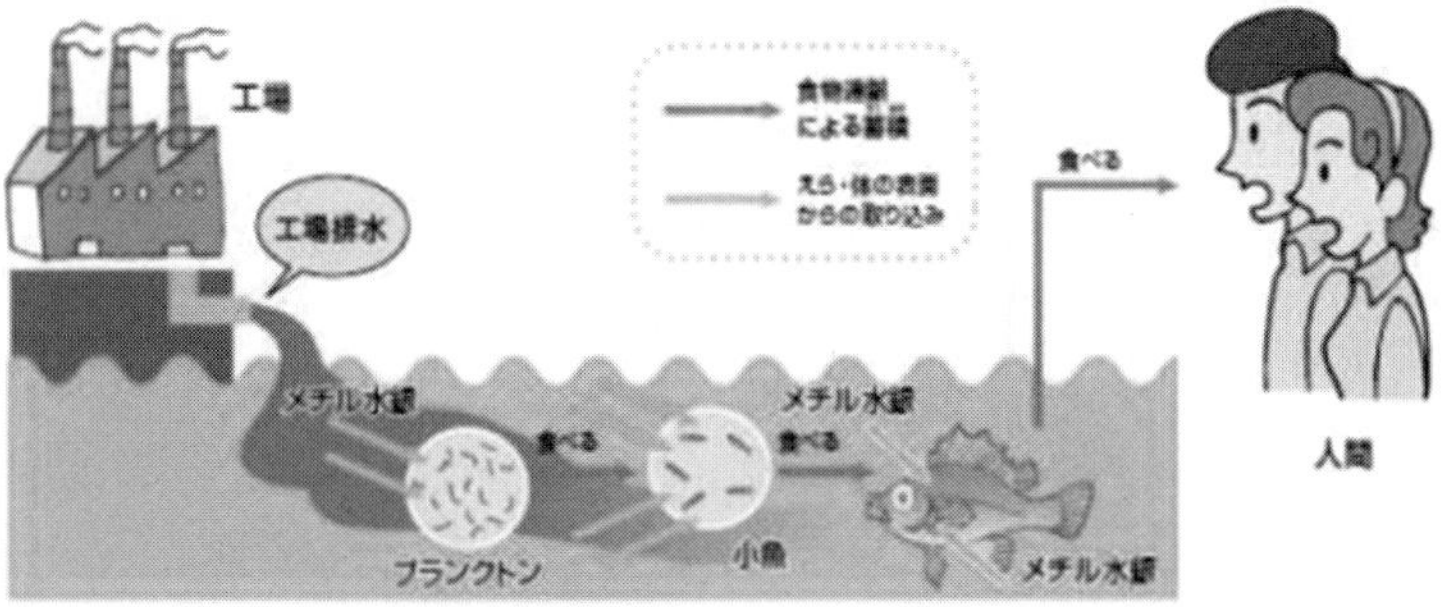

出典：熊本県資料

メチル水銀が、プランクトン、大型魚で
生物学濃縮され、人に摂取される。

的にマグロなどの大型魚で高濃度蓄積してヒトに摂取される点に注目。水銀廃棄量が多い中国やインドでアルツハイマー病の有病率が増加している傾向に警鐘を鳴らしている。

水銀が神経細胞に直接作用すると神経回路の維持に必要な神経突起が変性し認知機能が低下する機序が報告されている。

最近話題のアルツハイマー病の画期的治療法である「リコード法」では、水銀が汚染されている可能性が高いマグロ、メカジキ、サメなどの大きな魚は避けて、サケ、サバ、アンチョビ、イワシ、ニシンなどの汚染が少ない小さな魚の摂取を勧めている。

アルツハイマー病の重金属汚染として水銀以外にも、鉛、カドミウム、ヒ素やアルミニウムも認知機能の低下との関連性が報告されている。最近では手のひらに光を照射するだけで体内に蓄積している有害重金属を調べることができる「オリゴスキャン」が普及して来た。認知症が気になるヒトには重金属のチェックをお勧めしたい。

断食と睡眠で認知機能改善

アポE遺伝子を有する人は四十歳からアルツハイマー病の予防が必要であることを『アルツハイマー病　真実と終焉』の著者デール・ブレデセン博士は強調する。

アポE4遺伝子を有する人は神経細胞が炎症反応を引き起こしやすいので炎症型アルツハイマー病を発症する。このタイプのアルツハイマー病は発症年齢が早く、血液検査で炎症性バイオマーカーが陽性になることが多い。炎症の引き金は、ウイルス、バクテリア、カビなどの感染、フリーラジカル、終末糖化産物（AGE）、打撲・捻挫・骨折などの外傷、酸化LDLなどの損傷したタンパク質や脂質、損傷を受けた化学物質など多重多様。体が排除できない病因に対して慢性的に炎症が惹起され続けた結果、防御反応としてのアミロイドβ蛋白が蓄積して神経細胞は変性してしまう。

治療法として確立された「リコード法」（『アルツハイマー病　真実と終焉』で紹介された画期的な治療法）は炎症と変性を抑えるために「ケトフレックス12／3」という食事療法を進めている。

この食事法はココナッツオイルを使ったケトン

ケトフレックス12/3では、野菜、魚、肉を中心とした食事法を、推奨している。

食に毎日十二時間以上の絶食、寝る前の三時間の絶食（12／3）に穏やかな菜食主義（フレキシタリアン）を組み合わせた食事療法。前日の夕食は午後八時までに終了させ午後十一時には就寝､毎日八時間の睡眠に翌朝はココナッツオイル入りのコーヒーが朝食替わり、昼十二時に平飼い卵二個と緑黄色野菜サラダで軽めのランチ。午後七時の夕食では緑黄色野菜に薬味として魚、鶏、肉。肉だったら牧草牛、魚だったら大型魚は避けてサケ、サバ、アンチョビ、イワシ、ニシンなどの魚、キムチにザワークラウトなどの発酵食品、デザートにはナッツ、ココナッツフレーク、ダークチョコレート、お酒を飲むなら赤ワインをグラス二杯までを勧めている。

毎日十二時間の絶食により脳でオートファジー（自己貪食）が誘導され脳に蓄積されたアミロイドβ蛋白が徐々に掃除され、ココナッツオイルで誘導されたケトン体が炎症を抑え、八時間の睡眠中に神経細胞が再生するプログラムになっている。これに毎日の適度な運動を加えれば、アポE４遺伝子を持つ人も認知機能を保つことができるだろう。

ゲスト投稿

「快慶展」と「運慶展」を見て

山田　俊広

（やまだ　としひろ）
昭和23年東京生まれ。神奈川県葉山町在住。学生時代から仏教美術に関心を持ち、新聞社勤めの後、定年後は一人ぶらぶらと京都や奈良の神社・仏閣巡りに出かける。とくに法隆寺（奈良）は大好きで、東京国立博物館の法隆寺館は、わが心の〝故郷（ふるさと）〟。
　現在、日本棋院金港支部（横浜市金沢区）の支部員で、旅先の碁会所で碁を打つのも楽しみ。

昨年は奈良国立博物館で「快慶展」、東京国立博物館では「運慶展」と、鎌倉時代の二大仏師の特別展が相次いで開催されました。日本仏像彫刻史に屹立《きつりつ》する二大巨匠の、ともに大変充実した見応えのある企画であり、一年のうちに二つも見られるのは大変うれしいことです。この二つの展覧会を見て感じたことを私なりに述べてみたいと思います。

快慶と図像

快慶の造った仏像は「安阿弥様《あんあみよう》」として確立していますが、どれもが洗練され、そのお姿は際立って美しく、おだやかです。躍動的で斬新、〝立体的〟な運慶作とはまさに正反対といっていい。快慶作は〝平面的〟絵画的で、形式化されているのです。それはなぜでしょうか？　自らを「巧匠」と名乗り、「安《あん》阿弥陀仏」と言う快慶とはいったいどのような人物であったのか？　今回の快慶展は興味ある示唆を与えてくれました。

以前から指摘されているように快慶は仏像を作る際、大半を「図像（絵様）」を基にしたというのが通説になっています。一例をあげると今回出品された快慶作の東大寺・僧形八幡神像（国宝）にもうかがえます。これは京都・神護寺や浄光明寺（鎌倉）に残る僧形八幡神像の図像と酷似しているのです。今回、八幡神像の彫像と図像とが同時に展示されたので、比較すれば一目瞭然です。

このたびの快慶展で私が最も興味深かったことは、快慶が図像を手本とする手法をなぜ選んだかということです。快慶展のカタログの中で谷口耕生さん（奈良国立博物館教育室長）がその謎の一端を解説してくれています。

谷口さんは京都・清凉寺本尊釈迦如来像（国宝）の存在に注目しています。入宋僧奝然《ちょうねん》が日本に将来したこの像は、インドの優塡《うでん》王が釈迦の在世時に造像させたという来歴を持つ栴檀《せんだん》瑞像で、今もなお三国伝来（インド・中国・日本）の優塡王思慕像として篤い信仰を集めています。来歴では、この釈迦像は九八五年、由緒ある仏像を写し取った図像を典拠に造られ、日本にもたらされたという記録があります。その由緒ある仏像とは、工芸の神（天匠）である毘首羯磨天（びしゅかつまてん）が化身して「巧匠」となり、造立したと伝えられています。

さらに、霊像であるこの清涼寺釈迦如来像を十二世紀に後白河法皇が発願し、摸刻像を「巧匠」に造らせたという記録も残っています。そこには「人間（じんかん）巧匠に課して霊像の相好を模させた」（『転法輪抄』所収「嵯峨釈迦模造供養願文」）とあります。後白河法皇と快慶の関係（快慶は院や皇室と結びつきが深い）、さらに快慶が終生名乗り続けた「巧匠」という肩書とを考え合わせると、快慶が後白河法皇から摸刻像を任され造像した可能性が大きいと、谷口さんは指摘しています。清涼寺式の釈迦如来像はその〝霊験性〟からあちこちに造られましたが、その中には仏師快慶が清涼寺釈迦如来像の絵様（図像）を元にして造った摸刻像もあるはずです。理想の仏師として巧匠に身を転じた毘首羯磨天（天匠）を意識し、快慶もその理想を実現すべく「天

清涼寺　釈迦如来像

匠」＝「巧匠」と自ら名乗ったのではないでしょうか。霊験ある図像（絵様）を多用する造像手法は快慶独自の特徴ともいえます。その仏像の理想の姿を図像から追求し続けた快慶の仏師魂は徹底しており、今に残る作品からもはっきりと見て取れます。快慶の造った仏像は形も美しく整い摸刻しやすかったためか、後々多くの〝快慶様〟といわれる摸刻像を生んでいるのです。今年秋には東京国立博物館（東博）で「京都・大報恩寺」展が開かれますが、大報恩寺（千本釈迦堂）に伝わる快慶の仏像にまた会えるのも楽しみです。

運慶の関東下向

東博の「運慶展」は運慶真作が中心になっています。新発見も含め明らかに運慶作といわれる像は三十一体あるそうです。今回そのほとんどが東博に集まり圧巻でした。私も数回訪れたことのある横須賀市芦名の浄楽寺からも運慶作の仏像五体が出品されていました。運慶年譜を見ると、安元二年（一一七六）、奈良・円成寺大日如来像奉渡から運慶の活動は始まります。長子湛慶が生まれて間もなくの時期で、若くはつらつとした運慶の気概が大日如来像（国宝）には現れています。そして文治二年（一一八六）、北条時政発願の伊豆韮山・願成就院の阿弥陀三尊・不動二童子・毘沙門（いずれも国宝）の造始、文治五年（一一八九）、和田義盛夫妻発願の浄楽寺阿弥陀三尊・不動・毘沙門（いずれも重要文化財）の造像と続きます。この願成就院と浄楽寺の諸像こそが東国武士の気風を反映した仏像群の傑作で、いわゆる「運慶様式」をよく表しているのです。

今、私が最も関心があるのは、運慶が関東に来て願成就院や浄楽寺の仏像を作ったのか？それとも奈良にいて東国武士の依頼に応えつつ造像したのか？　ということです。運慶の関東下向か否かは昔から問題提起されてきましたが、明確な結論はいまだ出ていません。下向説の代表的な学説は毛利久先生（元神戸大学：日本彫刻史）が「運慶様式の形成」（『日本彫刻史の研究』）で明らかにしているように、東国の運慶作にうかがえる〝野趣あるエネルギー〟です。もし奈良あたりで造っていたらとてもこのような力強さにあふれた彫刻とはならないだろうというのが、毛利説の根拠です。これに対し非下向説の久野健先生（元東京国立文化財研究所：日本彫刻史）は『運慶の彫刻』（平凡社）で、文治二年の「内山永久寺置文」（内山永久寺は奈良県天理市にあった大寺だが今は廃寺）などの資料をあげ、運慶の関東下向は無理である、と結論づけています。

いずれにせよ、運慶独自の力強く力感あふれた作風は、運慶中年の最も脂の乗り切ったこの時期に形作られたことは間違いありません。願成就院と浄楽寺像にはいずれも仏像の胎内に銘札が入っており、造像の来歴を知ることができます。そこには「運慶」という名

浄楽寺　阿弥陀三尊像　運慶作

がはっきりと出てくるのです。鎌倉時代の歴史書『吾妻鏡』によると文治元年（一一八五）、奈良仏師の成朝が源頼朝の開いた勝長寿院の本尊造像を命ぜられ鎌倉に下向しています。勝長寿院は大寺で、その造仏も相当規模の大きかったはずです。のちにこれに倣い伊豆を支配する北条時政が所有地である韮山に願成就院を作らせました。ここで一つの推論ですが、成朝は〝手伝い仏師〟として同じ奈良仏師の運慶を鎌倉に連れてきたことは十分考えられます。成朝は、勝長寿院の造像に専念し、運慶に北条氏の願成就院造仏を任せた、ということもあり得るのではないでしょうか。

私は運慶が関東に出向き、仏像を造ったと考えています。本拠地の奈良にいては、東国武士のダイナミズムをあれほど直接的に感得、表現できるか疑問だからです。浄楽寺像は願成就院の諸像より三年後に造られていますが、作風は願成就院像より多少穏やかになっています。同じ東国風とはいいながら若干力強さが異なるような気がします。ひょっとすると浄楽寺像は奈良で造られ、出来上がった仏像を関東に運び込んだのかもしれません。

韮山の願成就院や横須賀・浄楽寺の仏像は運慶の真作という認知を得るのにずいぶんと時間がかかりました。ともに今では運慶充実期の代表作となっていますが、私が大学の美術史学科で学んでいたころは、願成就院や浄楽寺の仏像は運慶作とはまだ完全に認められてはいませんでした。当時はようやく、願成就院像の胎内銘札の解明に着手し始め、仏像にX線を当て詳しく調べ、胎内納入品の細密な研究が進み始めたころでした。

今年初め、神奈川県立金沢文庫では、〝鎌倉の運慶〟という視点から「運慶展」が開かれ、関東地方の寺院にある運慶様式の仏像を紹介しました。運慶研究の若手学者の連続講座も開かれ、その際、運慶は鎌倉最大の寺院の一つである永福寺（ようふくじ＝現在は史跡公園として残る）の造像にも関与したのではないか、という説も出ています。運慶研究には作品とともに史料解読や仏教学の分野からも新たな追究がなされ、今後、成果をもたらすことでしょう。

〔参考図書その他〕　快慶展カタログ（奈良博）及び運慶展カタログ（東博）　三山進『鎌倉と運慶』（有隣新書）　水野敬三郎『運慶と鎌倉彫刻』（小学館）　読売新聞記事（二〇一七年五月四日付：関口和哉）

狂乱の時から

船戸　捷壽

（ふなと　かつとし）
北朝鮮出身。
早稲田大学教育学部卒。
静岡市葵区在住。
調理師
ロシア料理店「カーシャ」経営、デイサービス「リリーベル」勤務。
趣味は、弓道、俳句。

ロシア料理店「マノス」の思い出

ロシア料理を始めて五十年が過ぎてしまった。その間の記憶は今でも生々しい。ことに東京オリンピック前後の赤坂での夜の出来事は、衝撃的なことの連続だった。義兄の店ロシア料理「マノス」は、週刊誌で「魔の巣」とまで書かれた摩訶不思議な奇妙な店だった。私が会社を辞めて、この店のマネージャーとなったのは昭和四十年、為替がまだ一ドル三百六十円の時代だった。本場譲りの店の料理と、外国人相手の娼婦が出入りする何か怪しい雰囲気が、夜の赤坂でかなり人気だった。

料理が美味しかったのは、渋谷で開店した時の最初のシェフが、白ロシア系の女性で「ニコライ堂」の料理人だったからである。彼女は料理上手で力持ちの、堂々たる体格の持ち主だった。彼女からレシピを受け継いだ日本人のコックたちが料理を作っていた。

また、娼婦たちが出入りするようになったのは、当時、夜の女性を求めて外国人が行く店がないところに義兄が目につけ、積極的に娼婦を店にいれて来客を増やそうとしたからだ。彼がこんなことを考えたのには、重大な理由があった。

彼はギリシヤ系アメリカ人で、第二次世界大戦中、米軍の陸軍諜報機関に属していた。本国で日本語を学び、日本軍の情報を得るためビルマ戦線に投入され、戦後はマッカーサー元帥の配下の諜報部で活動をしていた。日本で退役したと同時に、渋谷でロシア料理店「マノス」を開き、客から集めた情報を、米陸軍に報告するというのが彼の任務だった。

彼のアイデアは大成功で、当時の映画スター、スポーツ選手、病院の院長、ジャズマンや遊び人たちなど色々の職業の人々が来店した。今でも強く印象にのこっているのは、キングストントリオが酔いながら歌を披露してくれたことだった。根っからの歌好きなメンバーだった。また、ベトナム戦争が始まり、戦線から休暇で来た若い兵士たちの明日の命を忘れて遊ぶ姿が忘れられない。

今日を生きる

昭和四十三年、田町でロシア料理の店「カーシャ」を開きました。休みがちなコックに業を煮やして、自分で料理をつくりはじめました。以来、六本木、静岡と店を移し、今は静岡市の郊外で、夜の予約だけの営業をしています。昼はデイサービスの施設で、仕入れから調理まで一人でやる毎日です。従業員の平均年齢は六十歳以上、同僚の八十一歳の女性はいまなお現役で介護の仕事をしています。

ロシア料理「カーシャ」のロゴ

利用者は、百歳前後の方々です。私のつくる料理がその人の一生の最後の食事となることもありますので、思いを込めて仕事をしています。また、私自身も心筋梗塞で一時心臓が止まったこともあり、毎日が生きることへの挑戦です。毎日毎日が生きることへの感謝、自分の料理を美味しいと言っていただく時は、ほっとすると同時に喜びでもあります。

引き揚げでの祖父と父の死、母と二人だけの生還、思えば波乱の多い過去でしたが、ここ静岡は日本の真ん中にして、気候温暖、特に静岡市は海と山に恵まれた最高の地です。「青山到る処にあり」でしょうか。

同窓会・同級会にときめく

平井　幸雄

（ひらい　たかお）
静岡市出身、八王子市在住。
昭和36年上京、大手電機メーカに就職。
定年後、NPO法人シニア大楽設立。現在、副理事長。
社会人落語家・三遊亭圓塾を名乗る。

一年に一度、母校（高校）の同窓会がある。関東に在住する卒業生が対象だ。同期・先輩・後輩が約二百名集う。近況を確認しながら、昔話に花が咲く。青春時代に想いを馳せる。肩を組み校歌や応援歌を歌いながら、青春時代にもどる。毎年キャッチフレーズがある。昨年は「**トキメキ**そして**はばたけ**」であった。まさにときめくひと時を過ごした。懇親会のイベントに応援団ＯＢやチアガールＯＧのパフォーマンスがある。歳を忘れ、青春時代に戻る。私の創作したテーマキャラクターが採用され、当日の看板や当番幹事のユニホームに飾られた。ことしも開催を通知する「会報」が届いた。さっそく参加することにした。

私は、この同窓会には積極的に参加している。同窓会の当日に参加するだけでなく、広報担当者として十六年間、同窓会の常任幹事として会報の編集にも携わってきた。会報を通じて同窓生の活躍や活動を伝えた。同窓会総会・懇親会への参加を呼び掛けた。

昨年、後輩に引き継いでその役割を終えたが、より多くの同窓生が集うよう働きかけた。自分ひとりがときめくだけでなく、できるだけ多くの仲間がときめくように画策した。人が集うところに感動があり、トキメキがある。

だから、同窓会だけでなく、この種の同期会、同級会、会社のＯＢ会、私が所属するＮＰＯ法人が主催する講演会、講習会、サロンなど会合にも積極的に参加するようにしている。さらに、主催者側に立って、より多くの仲間を集めている。

趣味である落語の方でも、いろいろな落語会を開催して、多くの人に楽しんでもらっている。人が集う、人との出会い、人とのかかわりを持つこと、そんな時間を持つことが、脳年齢を若くし、ときめきを感ずることができる。相手のことを思う、喜んでいただけるかな、うまくいくかな、どんな人と会えるのか、いろいろな不安があるが、それがときめきを増幅する。

私の創作したテーマの
キャラクター

後期高齢者になった。それを機会に、終活の一環として、古いアルバムの整理にとりかかった。古いアルバム写真をスキャニングして、デジタル化してパソコンに取り込む作業をしている。アルバムにスクラップされた写真、乱雑に、順不同に箱に保管されている写真を、一枚一枚取り出して整理している。そこで、いるものいらないものに分けて、残しておきたいものだけを映像で辿る「自分史」にしている。

先日も、小学校の同級会があった。その時に小学校時代の写真を整理した。その席で十分程度披露（プレゼンテーション）した。同級生と一緒に当時のことに想いを馳せて胸が熱くなった。ワクワクした。同級生も喜んでくれた。これからもチャンスをとらえ、その当時の写真を整理しながら、それを映像ドキュメントにしていきたい。

怠惰な生活をしていると、青春時代の時のような「ときめき」がなくなってしまう。写真を整理しながら、その時々のことがよみがえり、胸がときめく。なんでも残しておきたくなる思い出の写真だが、ときめきを覚えるものを残し、そうでない写真は整理しようと決めた。終活をしながら、過去の人生に「ときめき」を感じ、そして、これからの人生にも「ときめく」ものを見つけていきたい。

今、心臓の「ときめき」を確かめながら、「俺は生きているのだ！」と実感している。

あの頃のときめき

関口　明

（せきぐち　あきら）

1940年生まれ。長野県野沢温泉村出身、横浜市戸塚区在住。

趣味はゴルフ。

「元気に百歳」クラブでは、日だまり、ほっと・サロン、ゴルフ、パソコン教室に参加して、楽しんでいます。


緊張と不安な気持ちをかかえ、学生服、坊主頭の出で立ちで店に入って行くと、そこは、凄まじい喧噪の場で、私は思わず立ちすくみました。ゴウゴウという地下鉄の走る音、株価の変動を伝える短波放送の声、お客さんと店頭社員が大声でかわす会話などが、一体となって私の体を包み、すごい活気が伝わってきました。地下にある穴蔵のような狭い一室で、窓がなく部屋中たばこの煙でもうもうと煙っています。そこが私の社会人としての第一歩、東京のど真ん中、銀座にある某証券会社の数寄屋橋支店でした。昭和三十四年四月一日、入社式のあと配属が決まり、不安と期待でドキドキしながら最初の勤務地に向かった記憶は今でも鮮明です。

夕方、店を閉めて社員全員が揃ったところで歓迎会が催され、皆の紹介がありました。丸っこい体でにこにこした支店長、プロレスラー・ジャイアント馬場をひと回り小さくしたような店頭の責任者、男勝りで色気のある店頭のベテラン女性たち、外交から意気揚々と帰ってきた営業の人たち。私が所属する総務課は、めがねをかけて背の高い上司と洗練されてきれいな女性たち、細身で優しそうな支店長車の運転手、刻々と変動する株価を株価ボードに素早くチョークで書いていた、がっちりした体格のアルバイト学生など総勢二十五人程の陣容でした。

そうして、緊張と期待の一日が終わり、指定された荻窪にある独身寮に向かいました。独身寮は民家を改装した二階建ての一軒家で、そこに営業、総務、技術系などいろんな職種の人が都内の本支店から十人ほど入寮していました。同期入社で、私より大人びた赤ら顔のA君と同じ部屋になりましたが、寝る前に、水を入れたやかんを枕元に置き、夜中に何度もごくごくと飲んでいるのにはびっくり。ふすまで仕切られた隣の部屋には、総務の先輩でがっちりした体格の寮長がおり、寮生活についていろいろ話してくれました。

めがねを掛けていかにも学者風のBさんは研究所勤務で、いつも食堂で経済の専門書を読みふけっていました。寮生が帰ってくる時間はまちまちで、真夜中に酔っぱらって帰って大声で騒いでいる者がいても、誰もとがめず、誰も苦にする様子はありません。実におおらかな寮生たちでした。

当時は岩戸景気（昭和三十三年七月～昭和三十六年十二月）の最中で、景気拡大期、とりわけ株式市場は活気を呈していました。

また、この年の四月十日には、皇太子（平成天皇）と美智子妃殿下とのご成婚パレードがテレビで生放送され、日本中がフィーバーし、お祭り騒ぎになっていました。

そんな時代背景もあり、仕事はめちゃくちゃ忙しく、毎日寮に帰るのは夜の十一時頃になりました。

私の総務の仕事は、日中は来店するお客さんとの取引精算に追われ、夜は本社の関連す

1960年頃　数寄屋橋交差点

る部署との連絡や帳簿付けなどでしたが、特に付けペンで客の通帳に取引状況を記入することや、客の電話をとることは慣れるまでかなり苦労をしました。

店の中には、社員が休息する場所もトイレもなかったので、昼休みは寮母さんが作ってくれた弁当を大きな柱の裏でそそくさと食べたあと、店の上にある数寄屋橋公園（映画『君の名は』で有名になった橋は三十二年にすでに撤去されておりました）のベンチに座って行き交う人をぼんやりとながめながら、人の多さに驚き、大都会の中にいる今の自分を不思議な気持ちでみていました。

半ドン（午前中で業務終了して、午後休み）の土曜日の夕方は、楽しいプライベートな時間でした。皇居のお堀端や日比谷公園内にたむろしているアベックにどきどきし、ビヤガーデンで踊るゴーゴーガールに興奮し、日劇のすばらしいショーに目を見張り、ガード下のもうもうと煙る焼き鳥屋で先輩たちの会話を聞きながら、これからの証券マンとしての自分を思い浮かべておりました。

電話もテレビもなく、自然に囲まれた片田舎で暮らしてきた私にとっては、この頃の経験や出会いすべてがカルチャーショックであり、一番ときめいた時でもありました。

ドイツ娘と私

青山　貴文

（あおやま　たかふみ）
1940年東京生まれ。
熊谷市在住。

好きな言葉があります。

人は読むことにより
　　　　豊かになり
人は話すことにより
　　　　機敏になり
人は書くことにより
　　　　確かになる。

初夏。五月のドイツは、まばゆいほど明るい。全ての花が開花するような解放感がある。特に、若い女性がきれいだ。薄く透き通るようなスカートをはき、すらりとした姿態で街を闊歩する。私はといえば、短い脚で、胸を張って、彼女たちの後をどたどた歩く。

「変なのに、引っかかるなよ。女性は日本女性が一番だよ」諸先輩はそう忠告してくれる。ドイツの男性は、ゲルマン民族の大男が多く、がっちりしている。私の体力は、若いとき住み込み店員で鍛えたので、自信がある。しかし、彼らの腕力には太刀打ちできない。ドイツの若いカップルは、がっちりした男性とスラリとした女性が釣り合っている。多くのカップルは、税金対策で、正規の結婚をしないで、同棲していることが多いという。細身の若いドイツ娘たちも、肉やビールを沢山食する。そのために、彼女たちは年をとると、大半がでっぷり肥った中年おばさんになるという。

若い頃、西ドイツのデュッセルドルフに、約一年間駐在した。開発製品の拡販に単身で、欧州各国を飛び回っていた。

「ドイツ語を習うなら、若いドイツ娘と仲良くなることだよ」

ドイツ語の堪能なデユッセルドルフ事務所の所長さんは、その秘訣を披露してくれる。書物にも、外国語を習うには、その国の女性と親密になればよいと書いてある。

誰か良い娘がいないかという思惑で、ビヤガーデンに行っても、そんなに簡単に見つかるものではない。英語もおぼつかない者が、変なドイツ語で口説いても、気味悪がって近づいてこない。

当時、事務所には、六人の若い魅力的な女性事務員がいた。純粋のドイツ人、フランス系ドイツ人、カナダ人など多彩である。その中でも、一番長身のエベリンさんは、純粋のドイツ人で私より背が高い。細身で、ピンク色した色白の顔に小さな口元が可愛い。特に、私には愛想がよい。

ドイツでは、昼食時、お茶代わりにビールを飲む習慣がある。アルコールに弱い私は、一人真っ赤になって、オフィスに戻ってくる。

「イヤアー、インディアンが戻って来た」エベリンさんが、私の頭上から肩を軽く突く。「ヤッホッホー」と両手足を交互に上げて、私はおどける。

数か月が経った。七月半ばである。若いドイツ娘は、ますます肌を露出する。エベリンさんも、超ミニスカートが良く似合う。来週日曜日に遊びに来ないかと、ささやかれた。若いドイツ娘の部屋にいける。彼女は可愛いし、仲良くできれば、楽しみながら、ドイツ語が学べる。ちょっと背が高すぎるが、余り贅沢は言えない。彼女とはウマが合うし、なんといっても気立てがいい。どうも私に好意を持っているようでもある。

白樺の木陰が長く伸びる午後四時ごろ、折り目のはっきりしたズボンを履き、靴を磨いて出かける。途中で生花を購入するほどに、心は弾む。花束を抱えて若い女の子の家を訪問するなど初めてである。それも外国である。自分もなんとか国際人の仲間入りができる。

彼女のマンションは、緑の木々の茂るデユッセルドルフ郊外にあった。その扉をノックする。彼女は素敵な薄地のロングスカートをひるがえして迎えてくれた。私の頭上から、エベリンが喜びに満ちた、幸せ一杯に微笑んでいる。私には少なからず、彼女が恋心を持った歓迎に思えた。

「エオヤマさーん。これが私のお友達」彼女の後ろに立っていたのは、がっちりしたゲルマン民族の大男だ。彼が握手を求めてきた。エベリンさんの背丈より少し高く、胸の厚みなどは、わたしの倍ほどもある。ひげそり跡の青白い、鼻筋の通った男前である。(彼女は、一人ではなかったのか) 同棲者の握力は強い。

午後の陽がやわらかく観葉植物を包み、風とおしの良い居間に通された。長いソファの真ん中に胴長の私は座る。居間の両隅にある離れた椅子に彼らも座る。座高では、彼らに負けていない。三人の目の高さが、やっと同じになった。

四つの青い目が、動物園の猿を眺めるように我が輩を見つめている。二人とも愉快でたまらないらしい。私はこんなはずではなかったと、ワイングラスに手が行ってしまう。

この二人には、まだ子供はいないようだ。一方、私には四歳と一歳の二人の娘が日本で待っている。三十代半ばの日本男子然と振る舞うことにきめた。

ドイツ語会話の勉強も諦めた。ここは国際親善に徹しようと、身振り手振りで真っ赤なインディアンに化けていった。

二人は、どうもこの私の変身振りを楽しんでいるようであった。

音楽にときめいて

清水　研一

（しみず　けんいち）
東京都渋谷区在住。
学生時代はコーラスとフェンシング。今は気功、街歩き、老猫の世話、同窓会などの幹事で多忙。
当クラブで「クリック」、「ほっと・サロン」を楽しむ。
≪人生のモットー≫
夢は大きく
志は高く
目線は低く

全身に電気が流れるような感動を受けたのは戦後五、六年経った小学校高学年の頃だった。まだＳＰ盤しかない頃で、先生がレコードをかけ替えながら聴かせてくれたのはベートーベンの『運命』だった。この出だしの部分を聴いた時に全身がしびれたのだ。

当時の学校には足踏み式のオルガンがあるだけだったが、ある時、電気蓄音機、通称、電蓄と言われていたもので音楽の鑑賞を行ったのだ。その音はいまだかつて聴いたことのない、自宅のラジオに比べて迫力のある音だったので、うっとりと全身全霊で聴き入った。

それ以来、私は音楽が好きになり、クラシックを中心に聴くようになった。特にベートーベンのシンフォニーはちょうど思春期にさしかかった頃でもあり、哲学のような深みを感じてのめりこんだ。それまでの人生で、音楽に最も影響を受け、以来、無二の親友になった。落ち込んだり、人生を考えたりする時、部屋を暗くして、『運命』や『第九』の『歓喜の歌』を、全神経を集中して聴きいると、気持ちが切り替わって立ち上がることができた。そして、音楽のとてつもない大きな力を感じるのだった。

手始めの音楽は、ショパン、チャイコフスキーやシューベルトなどのクラシックだったが、次第にシャンソンのイヴ・モンタン、エディット・ピアフなども聴くようになった。男女の愛と人生の哀歓を感じ、心の琴線にふれる思いがした。バンドネオンの歯切れの良い音とリズムで、失恋の歌が多いと言われているタンゴにも熱中していった。

シャンソンやタンゴなどは日本人の感性に合っているようで、母国以外では、熱心なファンが特に日本に多いと言われた。私も一生懸命に聴いて、タイトルや歌詞などを読むうちに、フランス語、スペイン語が少しずつ分かるようになっていった。オペラやイタリア歌曲を聴いたりするうちに、イタリア語にもなじんだ。意味は分からなくても読むことだけは大体できるようになった。これは思ってもいない音楽の副産物であった。

大学に入ると待ってましたとばかり、混声合唱団に入り、バスを担当するようになった。

「自分で歌えたらいいな」と思っていた『歓喜の歌』『ハレルヤコーラス』などを練習して、歌うことの素晴らしさに夢中になった。しかしながら、私のカラオケは「下手の横好き」で、決してうまいわけではなく、テンポがずれたり、微妙に音程が狂ったりしているのも、悲しいかな、よく自覚している。

いま考えると、当時は娯楽が少なかった。スマホもパソコンもゲームもない時代だったが、退屈はしなかった。その分、音楽にのめり込めたのかもしれない。

さて私は、若い頃から喉を鍛えてきたせいか、かつてのコーラス仲間からも、電話の声は「よく通る低音ね」とほめられ、少しは自信があったのに、何ということか、シニアになったいま、「なに、おじいさんみたいに声がかすれてるわ」と、妻からあきれられている。いまとなっては、音楽が好きで合唱団で歌っていたなどと、言うのも恥ずかしい。

ところで最近とても感心することがあった。「元気に百歳」クラブの「ほっと・サロン」の二次会で、カラオケを楽しんだ時のこと。日頃おとなしい？　S氏が朗々とジェスチャー入りの独唱で、拍手喝さい、たちまちヒーローに。そのパフォーマンスに感動し、みなドッと笑い転げた。

続いて淑女のO嬢もバブル期のマハラジャを思わせるダンスと歌で、どぎもを抜いた。

やれやれ、日本人も変わったものだ。昔は人前で堂々と歌うなんて稀有なことだった。それがいまはどうだ。エンターテイメント性にすぐれた人たちが、わんさか出て来ている。「随分、月謝をはらいましたねぇ」とひがんでしまいたくなるのだが……。

そこで私たち夫婦も一大決心をし、遅ればせながら、簡易なカラオケセットを備えた。これから、「ぬかみそがくさる」と、双方けなしながら声を張り上げ、音楽（カラオケ）に親しむつもりだ。お互いの声に、ときめくということは期待薄だが。

だが何を隠そう、本当の目的は、音楽を楽しむこと以上に、実は誤嚥性肺炎を防ごうというものだ。弱った喉をきたえ直して、加齢とたたかう……。

見栄を張っても仕方ない。これが本音だ。

最後に、喉を鍛えたり、読書をした深夜、楽しく眠りに入る私独自の方法を紹介しよう。それは、深夜に入浴しながら聴く、ＦＭ東京の「ジェットストリーム」だ。いまだにときめいてしまう番組である。開局以来四十年続く超長寿番組だが、全く飽きない。

イントロでパイロットと空港管制官の交信に始まり、海外の音楽や街の情景描写などに、ときめきを感じ、その場所を訪れた気分になる。エンディングの『ミスターロンリー』のリズムが繰り返されながら、次第に小さくなっていって終わるのが何とも心地よい。

指輪はダイヤ

山口　規子

（やまぐち　のりこ）
中国青島生まれ、目黒区在住。
米国ニューヨーク大、ブルックリン大で学ぶ。
楽天的と言うべきか、懲りない性格と見るべきか、未だに根拠もなく見果てぬ夢を追っています。

物欲とか所有欲が皆無とは言わないが、あまり縁のない性格だと自分では思っている。
クラスメートだった友人から、珍しく会いたいと電話があった。背がすらりと高く、クールな美貌の持ち主で、同級生とは言え、私を、はるか年下のように接してくる彼女には、昔から心の奥底に多少の苦手意識がある。もっとも人生経験も、わたしと比べて格段に豊富らしかった
「仕事場の近くに伺うわ」と彼女はやって来た。
「ダイヤモンドの指輪を買って欲しい」というのが用件だった。日系米人である彼女の夫

は、ベルギーの上質のダイヤを専門に扱っていた。友人は、幾年かの後には離婚するようになる彼の仕事のよき理解者であり協力者であった。

「とてもお得な条件で提供できるの」と、説明しながら、派手なデザインの大ぶりなダイヤモンドリングを、わたしの手を取り、はめる。それは、指の上で鋭い光を放った。

「ダイヤならエンゲージリング一個で充分。買うとしても、もっと先の話。いまは欲しくないわ」

なにしろ、わたしは物欲がない。

夫と婚約するとき、彼の母が『長男の妻に譲りたい』と長年大事にしていた大粒のダイヤを、わたしに贈ってくれた。それがエンゲージリングとなり、わたしの所有する唯一のダイヤだった。

「でも考えてもごらんなさい。ゆとりができて六十歳にもなって、しわになった手にダイヤ飾っても仕方ないでしょ。いま、手もすべすべできれいなときに、はめるべきよ」

苦手な彼女ではあるが、その時は六十歳の自分を想像しにくかったわたしは、彼女の申し出でを断固断った。

のちにニューヨーク暮らしを始めるようになったある日、家主であるブロードウェイの女優さんが、私の住むことになった建物について説明してくれた。

百年以上も前にニューヨークでは大火があり、それを機に、新築されるビルは耐火性のある赤レンガの外観に統一され、道路側と裏庭側の外壁に避難用の鉄製の非常階段が1Fから2F、2Fから3Fへとジグザグに設置される決まりになった。こうして『ブラウンストーン』と呼ばれるビル群が次々と建築された。わたしの住むアパートもその仕様で造られたものだった。

アメリカの映画や芝居の背景に、この鉄製階段はよく登場する。ラブシーンとか、活劇の大道具代わりにとか、時代のムードの表現としても使われる。この消火を便利にするための階段は、泥棒にとっても便利な仕掛けとなった。

ある日、わたしが留守の間に、この非常階段を伝って泥棒が侵入した。四階の裏庭側の窓をこじ開け、テレビなどの家財道具と一緒にダイヤの指輪も持って行ってしまった。さっそく、雲つくような大男の警官二人がやって来て、碧い目でのんびりと室内を見廻し、「お嬢さん、命があって何よりだったね」などと言う。その当時、この街は危険な犯罪都市だった。

東京の夫にもさっそく報告したが、彼らとほぼ同意見で、わたしの無事を喜ぶのみである。これで、わたしの所有するダイヤは、なにもなくなった。

六十歳になった。その頃、すでにこの世の人でなくなっていた友の言葉を思い出した。

「考えてもごらんなさい。ゆとりができて六十歳にもなって、しわくちゃになった手にダイヤ飾っても仕方ないでしょ」

じっと手を見た。

「それほどでもないじゃないの」

夫との会話には幾度かダイヤモンドリング購入の話は登場した。結婚記念日とか誕生日など、一年に一回ずつは廻って来る。しかし、そこは物欲のないわたしのことである。そのうちに……と言っている間に月日は経って、彼は天国へと旅立って行った。

「泥棒さん。我が家に入ってもダイヤモンドはないのよ。金目のものは何もありませんからね」

オパールの指環

清水　文子

（しみず　ふみこ）
広島県三次市生まれ。「遊びをせんとや生まれけむ」がモットー。「神様、あと10年は楽しませてください」とお願いするこの頃です。

六年生のとき、母が再婚したので、広島の叔母さんがお祝いに訪ねて来た。

だが、なにか違う。その左中指に、オパールの指環がなかった。叔母の小さな手に不釣り合いなほど大きいオパールの指環は、キラキラと輝いて、見るたび心がときめいた。

わたしは不思議に思い、「おばちゃん、指環は？」とたずねた。すると、テーブルの下で、母が膝をつねった。聞いてはいけないことだったのだ。

あとで母は、「きっと生活のために売られたんよ。原爆で何もかもなくされたんだから。気が利かん子ね」と叱った。叔母の心を踏みにじったのではと、自分が嫌になった。

わたしが三歳の二月、父は結核で、終戦を待ちきれず亡くなった。八月には広島にピカドンが落ちた。祖父は、塩おにぎりを持って、焼け野原へ身内を探しに行った。三、四日、焦土をさまよったが、だれひとり見つけることはできなかった。諦めて帰って来た数日後に、ぼろ布をまとった叔母一家が、この中国山地の盆地町へ避難してきたのだ。祖母の弟に当たる大叔父とその娘の叔母、婿の叔父の三人だった。大叔父たちは、爆心地近くで宝石店を営んでいたが、すべて焼け焦げ、身一つで逃げてきた。叔母の赤黒くただれた指にきらめくオパールの指環だけが場違いだった。

家族は奇跡を喜び、手厚く三人を介護した。叔母は額と脛に裂傷を負ってそこにウジが沸いていた。あとからあとから発生するのだ。それを朝夕、箸づかいを覚えたての幼いわたしが、割りばしを手にゆっくりゆっくりとってあげる。お気に入りの仕事だった。額の傷は、ちょうど旗本退屈男の三日月型の傷と同じ位置にあった。

牛乳の空き瓶に水を張り、割り箸で虫を掴んでは水に

終戦から73年たった原爆ドーム

落としていく。ゲームのようでおもしろかった。ウジ虫は身をくねらせているが、やがて静かになる。

風がそよとも吹かぬフライパンの底のように暑い盆地町で、三人は体力を奪われ、最も元気に見えた若い叔父が、しんどいと言い出し、ネジが切れたように亡くなった。

だが、秋口になり、皆の祈りが通じたのか、叔母の傷口はふさがり、ウジ虫ともやっと縁が切れた。

叔母はわたしを膝に乗せ、よく昔話を聞かせてくれた。観音様の手に似た叔母の指にはオパールの指環が光っている。

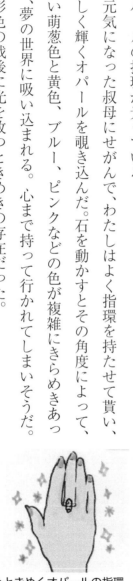

元気になった叔母にせがんで、わたしはよく指環を持たせて貰い、妖しく輝くオパールを覗き込んだ。石を動かすとその角度によって、淡い萌葱色と黄色、ブルー、ピンクなどの色が複雑にきらめきあって、夢の世界に吸い込まれる。心まで持って行かれてしまいそうだ。無彩色の戦後に光を放つときめきの存在だった。

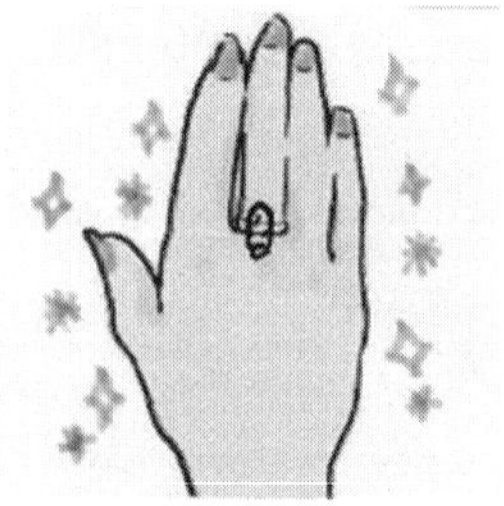
心ときめくオパールの指環

「よぉし、お嫁に行く時、プレゼントしちゃおう」叔母と指切りげんまんをした。

川霧が盆地を覆いだす初冬、叔母たちは瀬戸内海に面する公営住宅に入った。わたしは祖母のお供でたびたびそこを訪れた。大叔父の具合が悪いので、食糧品などをかき集め、盆地から往復五、六時間かけて出かけて行くのだ。オパールの指環が叔母の指から姿を消したのはこの頃のことだと思う。

「あんたも大変じゃろうよ。がんばりんさいのぅ」

祖母はつぶやき、毎回そっと包んだものを、姪の叔母の手に握らせた。

大叔父を見送り、叔母は近くの小料理屋へ勤め始めた。薄紅色の口紅を塗った叔母は、なんだかオシャレになり、少し若返った。五、六年たって、店へ通ってくる男やもめの人に求婚された。大学生の娘が一人いるそうだ。東京の短大に進んだわたしは、そのまま当地で結婚し、叔母との付き合いも、長い間、年賀状だけになっていた。

叔母は二十年近く夫と暮らし、義理の娘も嫁に出した。そのあと、十年ほど一人暮らしを続け、このほど入院したのだという。長くはもたないらしい。見舞いに行った母から、叔母が「一目でいいから会いたい」と言っていることを聞いて、矢も楯もたまらず会いに行くことにした。郷里への帰省の前に広島の病院に向かい、病室を訪ねた。

叔母は一回りも二回りも小さく縮こまっていた。病室に入ってきた中年女性に戸惑った風だったが、すぐにわたし、と認識してくれ、手を握るとしばらく離さなかった。

「ほうける前に言っときたいことがあってね」　叔母は息を継ぎ、わたしの顔を凝視した。

「約束したよね。オパールの指環あげるって。でも売ってしもうてね。貯金して同じもん買うて、プレゼントしようとしたんじゃけど、娘が病気したり、孫が私立に入ったりして……。約束破ってごめんね、ずっと気になっとんたんよ」

「そんなすごーく前のこと、忘れてしもうたわ」　わたしも方言に返っている。

けれど、言葉とは裏腹に、叔母が半世紀も前の約束を憶えていてくれたことに、驚きもし、感動もしていた。叔母は涙目をしばたたかせながら言った。

「わたしの恩人よ。こまい手で一生懸命にウジを捕ってくれて、ありがとうね」

叔母は薄くなった前髪をかきあげ、額の傷あとを広げて見せた。三日月型のケロイドは、二分の一くらいに細くなって縮みジワが細かく寄っている。

「きれいに治っとるねぇ。このぶんなら、また嫁に行けるわ」と、からかうと、

「もういい。もう二回もしたから」と、一瞬、叔母は真顔になって首を横に振った。

義理の娘は毎日立ち寄ってくれるという。きっと叔母の再婚は幸せであったのであろう。

ふと、あのオパールの指環はいま、だれの指を飾っているかしら、と思った。なにしろ、あの原爆を生き抜いた強靱な力を秘めている指環なのだから。

「終い支度」とオルガン

大山　昭典

（おおやま　あきのり）
1941年東京都生まれ、東京都大田区在住。
2000年に商社を退職後、「社会福祉士」「介護支援専門員」等の資格を取得。
現在、大田区社会福祉士会監事、介護認定審査会委員等、主に高齢者福祉分野の業務に携わっている。

息子家族と同居を決意

子どもや孫一同に「喜寿の祝い」をしてもらった新年早々、インフルエンザのため五日間の自宅拘束状態？　となった。

「いつも元気にカラ元気」をモットーにしてこれまで過ごしてきたが、自分の健康状態や体力が年齢相応であることをあらためて認識した。

これから始まる夫婦二人の老々生活の「安心」と「安全」を考え、幸い自宅が二世帯住宅でもあるので、来春をめどにリフォームして、息子家族五人とひとつ屋根の下で暮らすことを決意した。

「終い支度」を始める

今まで家内に身辺整理を勧められても、まだまだ時期尚早と思っていたが、「自分の健康年齢八十歳まであと残り三年」と決め「終い支度」を始めることにした。

世間ではこれを「断捨離」ともいうようだが、この言葉には今一つ馴染めない。大切にため込んだ本や写真、資料も、サラリーマン時代のスーツにしても、またいつか役立つかもしれないと、本箱やタンス、そして屋根裏部屋にまで仕舞い込んだままである。

「中古オルガンの活用」のお願い

まずは、一緒に住んでいた両親の持ち物から手を付け始めた。昭和初期から置いてある足踏みオルガンは、今は音が出なくなったが、小学生の頃に弾いた愛着のある物なので、粗大ごみ等で処分するには、あまりに忍び難く、「如何」しようかと思案した。

そこで思い切ってヤマハ本社の役員あてに「御社製の中古オルガン活用のお願い」の依頼文に写真を添えて、有効活用して頂ける先を紹介してほしいと手紙を出した。

寄贈先が決まった中古オルガンと私

「ダメもと」が喜びに

「ダメもと」と思っていたところ、それから二週間後に会社から連絡があり、同社の資料として保管し、歴代の楽器の一つとして展示するので、寄贈を受けたいとのことであった。

わが家の中古オルガンがこれから少しでも役に立つと思うと、大変ありがたく、心からの喜びを感じた。

三月下旬、運送会社が中古オルガンを引き取りに来宅、毛布に包まれて大事そうに運ばれて行った。嬉しい一方で、長い間置いてあった部屋のそこだけがポッカリと空いて、家族が急に居なくなったような一抹の寂しさを感じた。

波の伊八

（ひろかわ　としお）
木更津市在住。
剣道に登山、それに「元気に百歳」クラブのエッセイ教室で忙しい毎日です。エッセイでは、ネタ探しが大変で、街歩き、自然観察に余念がありません。

廣川　登志男

アメリカのライフ誌が一九九九年に掲載した、「過去千年の世界の文明に最も影響を与えた偉大な人物百人」の記事がある。科学（31）、政治（19）、芸術（14）、思想（10）、その他（26）であり、そのなかで日本人はただ一人。ダ・ヴィンチ、ベートーヴェンなどが並ぶ芸術（14）の中に、「葛飾北斎」の名がある。北斎は、優れた芸術家として世界的に高く評価されている。彼の作品の中ではとくに『神奈川沖浪裏（なみうら）』が有名だ。確かにその通りなのだろう。だが、房総の人間である私としては、若干気に食わないところがある。

昨年十一月中旬、東京都美術館で開催された「ゴッホ展—巡りゆく日本の夢」に足を運んだ。当然ながらゴッホ中心ではあったが、浮世絵や北斎の富岳三十六景なども展示されていた。とりわけ、北斎の『神奈川沖浪裏』は、豪壮な大波が、まさに崩れ落ちる一瞬を切り取った、素晴らしいものだった。「動」の一瞬を切り取った絵画はそれまで存在せず、ゴッホはもとより、カミーユ・クローデルの彫刻作品『波』、それに作曲家ドビュッシーの交響詩『海（ラ・メール）』の着想など、西洋芸術の多くのジャンルに多大な影響を与えた、と紹介されていた。

房総鴨川の一角に、「波の伊八　生誕の地」の碑が建っている。「波の伊八」とは、武志伊八郎伸由（たけしいはちろうのぶよし）のことで、一七五二年（宝暦二年）に生まれている。小さい頃から手先が器用だったので、彫刻師の弟子となった。そこで腕を磨き、安房・上総をはじめ、江戸や相模など、南関東を中心に百か所近くの寺社に彫刻を残している。得意な作品は、「波」と「龍」だ。特に「波」の彫刻は当代一との誉れ高く、上方の彫師たちの間では「関東に行ったら波だけは彫るな。彫ったら笑われる」といわれていた。

彼の欄間彫刻作品は、鴨川や夷隅周辺の寺院に多く残っている。私が最初に伊八作品を見たのは、八年ほど前の鴨川の鏡忍寺。伊八の墓もそこにある。これらの寺院はほとんどが名刹で、過去の火災等で縮小はしているものの、大寺院であった面影を今も残している。

いすみ市にある行元寺（ぎょうがんじ）には三年ほど前に行った。ここにも、伊八の手による欄間彫刻『波と宝珠』が現存する。寺の坊さんから説明を受けた。

「表から見ると、右から左に打ち寄せる大波の波頭が、まさに崩れんとする一瞬を切り取って彫られています。これを、裏から見ると、北斎の『神奈川沖浪裏』と同じ構図になるのです。よーく、ご覧になってください」

この「一瞬の切り取り」が、北斎に『神奈川沖浪裏』の構図を創造させたという。私自身、にわかには信じられないほど、奇怪なつながりに驚いたことを覚えている。帰宅後、インターネットで伊八の勉強を続けた。

伊八が行元寺の彫刻を制作したのは五十八歳のときで、北斎は五十歳だった。『神奈川沖浪裏』を含む冨嶽三十六景の製作より二十年ほど前のことになる。

北斎は房総によく来ていて、打ち寄せる波のスケッチが多く残っている。しかし、それらはいずれも正面から描いた平凡なもので、『神奈川沖浪裏』のような、波を横から切り取ったものでも、波頭の「一瞬の崩落」を描くものでもなかった。

どのようにして、北斎が伊八の作品を知りえたのだろうか？

当時、雪舟十三世を名乗っていた有名な浮世絵師「三代堤等琳（つつみとうりん）」が、多くの弟子とともに活躍していた。

いすみ市の太東﨑（たいとうさき）断崖上に飯縄寺（いずなでら）がある。本堂外陣欄間には、伊八五十四歳の作品『波と飛龍』があり、その内陣天井には、等琳自身が来て描いた「龍や花鳥図」五十数点が飾られている。また、さきほどの行元寺では、等琳の弟子のひとり等随（とうずい）が襖絵を担当していた。

伊八は、等琳一派と、多くの寺で一緒に仕事をしていたのだ。

北斎も等琳の弟子だった。彼は、師の愛弟子でもあり、その影響を最も受けた弟子だった。したがって、北斎は、等琳一派から、一緒に仕事をしていた伊八の話も聞いていたことだろう。尊敬する師の仕事を見んと房総を巡るときに、伊八の作品も見たいと思ったに違いない。こうして、北斎と伊八が結びついたと、歴史書は述べている。

伊八の『波と宝珠』が波の一瞬を切り取っているのに間違いはないが、それを『神奈川沖浪裏』にまで昇華させたのは、さすがに北斎なのだろう。

しかし、世界的に有名な「北斎」に、天啓と呼べるほどの衝撃を与えた一人の「彫師」、片田舎に生まれた手先の器用な一人の「彫師」、が房総にいたことも事実だ。

これらを知ったことで、『神奈川沖浪裏』を見る目が変わってきた。

輝きの時はミーハーの時

原　好子

（はら　よしこ）
生後1か月から新宿区に育つ新宿地元民。米エレクトロニクス業界誌の記者として日本の電子産業の栄枯盛衰を肌で感じてきた。仕事で黎明期からパソコンを使ってきており、今はパソコンの先生が生活の大事な部分をしめている。

劇団四季は、その作品を実際に見たことはなくても、名前を知らない人はいないのではないかと思う。ずっとIT絡みの雑誌やニュースレターの編集を生業としてきた私が、「劇団四季で働いたことがある」というと聞いた人は驚く。確かにかなり異色な経験であろう。九十年代の初めのことなので、もう時効として、少々内部情報を明らかにすることを許してもらおう。

私は、ある日、劇団四季の俳優のSさんの大ファンになってしまった。Sさんには、公演のたびに花を贈ったり、ファンレターを出したりしたが、「そうだ、外からみるより中からみよう」とミーハー心が高まり、劇団四季の入団試験を受けてしまった。

今も何千人と入団希望者がいると聞くが、あの当時でも俳優、事務方合わせて千人以上の入団希望があったと聞いている。もちろん私はSさんのファンだから劇団四季に入りたい、などとは口が裂けても言えない。これまでのIT絡みの経歴を生かして、熱弁をふるった。「これからはコンテンツこそが大切、そのコンテンツの創造元である劇団四季で是非働きたい。劇場内では観客数にかぎりある公演を、広く劇場空間としてライブで配信する、というような新しいビジネス形態も考えよう」

この考え方は今だに正しかったと思ってはいるが、当時は残念ながら通信環境などに制約が多すぎて実現はできなかった。その熱弁が評価されたのかどうか分からないが、かなり歳を食ったおばさんが劇団四季に採用された。入ってみると、普通の会社勤めを経てきた私にとっては全くの別世界だった。テレビドラマのドクターXで、院長に対して部下の医師が「御意」というシーンは、ギャグとして見てる方も多いかもしれないが、当時の劇団四季ではまさにそうだった。私は「絶対王朝の宮廷だ」とよく友人に話した。ミーティングはよく開かれたが、演出家（団内では浅利慶太先生のことをそう呼んだ）の話を拝聴して、まさに「御意」という世界であった。

ではそもそもの目的のSさんはどうなったか。私はここまで自分が乙女だとは思っていなかった。なんと、直接個人的に話すことができなかったのだ。私が担当したプログラムなどで、少しでもかっこよく写っている写真を使うなど、涙ぐましい努力をしたが、とうとう退団まで、「私はあなたのファンで劇団四季に入団したんです」とは言えなかった。

一方、それまでブロードウエイのようなビジネスとして成立しなかった演劇というものを、今に至っては劇場をいくつも抱えるような大ビジネスに作り上げた演出家の力には感銘を受けた。批判もあるかもしれないが、政治家とのコネ、企業のスポンサーシップの獲得など、それまでの日本の演劇界にはないものだった。

先日、百歳を迎えて会見した中曽根元総理は、初日によく来場していた。演出家と並ぶと、ご両者ともに背が高く、後ろでウロチョロしていた私の目には壁のように見えた。

この特殊な世界で、私はたった二年半という短い間に山と谷を三回経験した。演出家のお気に入りになると、私の机は社長（演出家）室のドアの前に置かれて、何かあると演出家から「原くん、原くん」と呼ばれる。その時は関連書類一切合切を小脇に抱えてかけつける。まるでマンガだ。しかし、四、六時中こき使われていると、どこかに穴が生じる。そうなると今度は罵倒され、私の机は演出家から見えない、本部から離れた別な事務所にとばされる。幸か不幸かこれは私に限ったことではない。事務所のあちこちで舞台監督や美術・装置の担当のひとなどが演出家の逆鱗にふれて、机をかたづけて、他の場所にトボトボと移るのは、時にみかけることだった。それでも、私は海外メディアに強かったこともあったせいか、一度飛ばされても二度、三度と社長室ドア前に呼び戻された。

とはいえ、かなり特殊な世界で、私にはそこに骨を埋めるという決心ができず　以前の記者仲間から紹介してもらって、アメリカの出版社に転職をすることにした。退職を申し出た私に、演出家は「給料が安かったか」と聞いてくれた。〈分かってたんだったらもっと払ってよね〉とは思ったが「はい」と答えた私も図々しい。

転職後、給料は二倍以上になった。それでも退職した後でも何回か食事に声をかけてくださった浅利先生には感謝の言葉もない。ミーハー心に導かれて劇団四季で働かせてもらったが、いまでは風変りな、けれども輝いた時だったと思い起こす。

（浅利慶太氏は七月十三日永眠。ご冥福をお祈りいたします。）

「はい！　御前に！」

「ときめく」憧れの人

暮部　恵子

（くれべ　けいこ）
1946年、大阪市内で生まれる。23歳で奈良へ嫁ぎ、同居の義母を102歳で看取る。主婦の傍ら、オーガニック化粧品製造会社を設立、現在に至る。

私は七十二歳戌年、現役で仕事をしています。会長職になりましたが、朝八時半には会社に出勤し、夜は様々な会合で毎日のように飲み歩いています。

ある先生から運気が八十六歳まで続くから、そこまでは現役で働くように……と言われています。現役と言っても仕事だけではなく様々な形があり、皆様もボランティアの現役、お謡いの現役、カラオケの現役、おしゃべりの現役等、様々にご活躍の事と思います。

私は四十六歳の時に主婦でありながら会社を起こし、二十五年たちましたが、この間に様々なときめくお出会いをいただき、師と仰ぐ方が二人出来ました。

まず一人は私が副会長をしております、「商業界全国女性ゼミナール」の名誉会長でいらっしゃる西端春枝先生です。今年は先生を会長に仰ぎ、全国から六百名の方々を大阪にお迎えし、一泊二日のゼミナールを、近畿地区の女性経営者の運営で、開催いたしました。

西端先生は、元マイカルニチイの創業者夫人で、長年にわたってニチイの社員教育に携わっておられました。戦争中は小学校の先生で、そこで西端氏と巡り合われました。敗戦によって戦中との教育の価値観の違いに情熱を失くされ、行商からご商売を始められました。様々なご苦労の後、ニチイを創業され、ご主人を亡くされ現役を引かれてからは、ご実家の東本願寺派のお寺の副住職としての務めのほか、商業界ゼミナールや各団体の招きに応じて全国講演に回られています。その仏教の教えに根付いたお話は皆さんの感動を呼び、九十七歳の今もあちこちお出かけになっておられます。

今一番生きがいを感じておられるお仕事は、和歌山女子刑務所の篤志面接員だとか。他にも「雑巾を縫う会」は今年で三十四年を迎え、古タオルで雑巾を縫い各施設へ届ける活動をしておられます。その他、様々な団体にかかわられ、事務所におられるときは先生のお話を聞きたい人の対応に追われ、毎日を忙しく過ごされています。

昨年は「元気に百歳」クラブ（関西）例会でもご講演をお願いしました。今年はお花見に行きましたところが先生のお寺兼事務所の近くでしたので、十八人ほどでお伺いし、お話を聞いたり歌を歌ったり楽しくひと時を過ごして、皆さま大感激でした。百歳近くなられてこれだけ多くの人に慕われ、活動されている姿を近くで拝見させていただけることは、この上ない幸せです。常に刺激をいただき、少しでも近づきたいと思っています。

もうお一人のわが師とひそかに仰ぐ方は、「元気に百歳」クラブに入れていただいて出会った、関西地区代表の向野幾世先生です。そのバイタリティとウイットに富んだ楽しさは八十二歳にはとても思えません。

奈良女子大卒の才媛で、ご卒業後は障がい者教育一筋に歩んでこられました。今も福祉作業所の理事長はじめ、様々な役職につかれています。

私はまだ会員になって日が浅いのですが、昨年は東京の例会で講演があると聞き、追っかけで参加させていただきました。その朝偶然、大和西大寺駅のホームでお会いし、京都からの新幹線「ひかり」も同じ列車でした。先生に「何号車ですか？」とお聞きしましたら「自由席よ、一人ぐらいどこでも座れますから……」とおっしゃいました。ジパングクラブの割引で、グリーン車を取っておりました私は、穴に入りたいくらい恥じ入りました。その時にも、西端先生を思い出しました。先生はニチイが倒産したことを、大変申し訳ないと思っておられました。

「お辞めになった後の事だから責任はありませんよ」と申し上げても、

「人様にご迷惑をおかけした身でグリーン車には乗れない」

と、私がお供するときは、いつも普通車です。

お二人とも戦前戦後の過酷な時代を生き抜いてこられた教育者で、両先生に共通した素晴らしい事柄は、ほかにもたくさんあります。

常にお葉書やお手紙を頂戴すること。講演やお話を聞かれるときは熱心にメモを取られること。世の中の出来事をあらゆる角度から見られ世情に詳しいこと。もちろん故事にも詳しく様々教えていただきます。そしてご講演をされるときは時間をきちっと収められ、笑わせるツボもちりばめ、感動のお話をしてくださること等々。

メンターとしてご尊敬しておりますが、とても追いつくことはできません。恩返しは恩送り、お二人の「ときめく」先生に受けた御恩や教えは、次の世代に伝えていくことが私の役目と心して、これからの人生を歩んで行きたいと思います。

セピア色の……

板倉　宏子

（いたくら　ひろこ）
山口県岩国市出身。くにたち音大卒業後、博報堂、音楽事務所を経て、地元でシニアの皆さまと一緒に歌う生活38年。今年、傘寿です。

昭和二十九年、私は山口県立岩国高校に入学した。旧制の岩国中学だった男子の校舎は平屋の木造で、瓦屋根には点々と草が生えていた。共学になって新しく建てられた女子の校舎は木造の二階建で、同じ部活以外の男子と親しくなる機会はなかった。広い校庭はポプラと銀杏と桜の大木に囲まれ、グラウンドを中心に、クローバーの広場、テニスコート、プール、武道館があり、常に元気な声が響いていた。日本三奇橋の一つである錦帯橋は岩国城があった城山を背にして、錦川の清流に五つの美しいアーチを映していたが、岩国高校はこの橋を渡った城山の麓にあったので、毎日この橋を渡って登下校していた。

今年のテーマが、「ときめく・ときめき」と発表されたとき､思わず胸がざわめいた。それは高校時代の、あの彼のことだった。私は岩国の市外に住んでいたので、岩国駅までは汽車、バスに乗り継いで終点の錦帯橋まで。いつもの時間いつものように、バスはいくつかの停留所でいつもの人を乗せて走る。色白で小柄で丸い眼鏡をかけた穏やかな彼はいつもSという停留所から乗ってくる。S停留所が近づくとドキドキする。乗ってこない日はとても心配になる。ある日、彼は一年先輩のIさんという名前であることを知る。が、ただそれだけ。彼の後姿をひそかに見ながら錦帯橋を渡る日々。卒業をして幾年かが経ち、ある日同窓会名簿で彼が早稲田大学に進学したことを知る。挨拶を交わしたこともなく消息を知る勇気もなく胸の奥にしまいこんでいた彼が、今回のテーマ「ときめく・ときめき」とともに突然昔の姿で現れたことに驚く。紛れもなく私の幼い初恋の人であったことを確信させる出来事であった。私の実らぬ初恋？　は別にして、若い恋を実らせたほほえましいカップルもいくつか誕生していた。

高校の中庭　クローバーの広場にて

悲喜こもごもの高校生の青春を見守ってきた錦帯橋を主役に、同窓会で歌おうと、私が作った替え歌をご紹介します。

「明日があるさ」（悲）

①いつものバスでいつも逢う　やさしい眼鏡の先輩が　今朝はいない　今朝はいない
どうしているのだろう「明日がある　明日がある　明日があるさ」
②バスの中で先輩と　目と目が合って　うつむいた　どうしよう　どうしよう
ときめく胸のなか「明日がある　明日がある　明日があるさ」
③名前も知らぬ先輩の　うしろ姿を追いながら　錦帯橋　錦帯橋
今日も越えていく「明日がある　明日がある　明日があるさ」

「明日があるさ」（喜）

①錦帯橋でいつも逢う　セーラー服のおさげ髪　もう来るころ　もう来るころ
今日も逢えぬ僕「明日がある　明日がある　明日があるさ」
②授業が終わるの待ちかねて　そっとグラウンドのぞいてる　私のこと　私のこと
気づいてくれるかな「明日がある　明日がある　明日があるさ」

③青空のもと太陽の　光を浴びて立っている　君のことを　君のことを

僕は見ていたよ　「明日がある　明日がある　明日があるさ」

④夕暮れせまるグラウンドの　彼の姿とかけ声に　心のこし　心のこし

たどる帰り道　「明日がある　明日がある　明日があるさ」

⑤錦帯橋でいつも逢う　セーラー服のおさげ髪　君だったね　君だったね

グラウンドに来てた人　「明日がある　明日がある　明日があるさ」

⑥明日があるさ明日がある　若い二人には夢がある　いつかきっと　いつかきっと

しあわせ来るだろう　「明日がある　明日がある　明日があるさ」

実ることのなかった幼い初恋ののちも「ときめき」はしばしば現れ、恋をし結婚し娘たちに恵まれて、新しい「ときめき」は続く。コンサートや芝居の幕が上がる前、新しい本を開くとき、旅に出るまえに地図を広げるとき、尽きることのない好奇心とともに、いつまでもドキドキする瞬間を持っていたい。

いつの間にか今年で傘寿。時々起こる不安定な心臓の動悸のドキドキではない「ときめき」のドキドキを。

一日一会
―日々新たに―

河田　和子

（かわだ　かずこ）
1931年生まれ、広島市南区在住。脳に障害を持つ人たちの支援活動を行う国際ボランティア、広島パイロットクラブ会員、NPO法人スペシャルオリンピック日本・広島理事。県立広島大学同窓会顧問。

今春の私の「ときめき」の出会い二題を、寄稿させていただくことにした。

その一　中国伝統芸能「変面」を観る機会を得た。余り知識もないまま、誘われるままに、でも初めての観劇に興味しんしん、期待感に胸ふくらませての参加であったが、驚愕の連続であった。面の数や種類は数えきれていない。哀歓こめた音楽や、軽やかな弾むような音楽に合わせ、衣装の袖を顔に向けてさっと動かした途端に違った面に変わり、また踊り手の首を左右に振った瞬時にまた違った面に変わる。真に「変面」の不可思議に、老若男女の観衆から我を忘れての嬌声、歓声、愕きの声が飛びかう。胸をドキドキさせながらの熱い時を過ごした。

私も例外ではない。舞台を降りて観客の側での変面所作にも、次は？　次は？　と瞬時に変わる様子に見入り、強烈な「ときめき」を覚えたひとときであった。終了後、私の好奇心が動き、出演者に質問。「国技ですか」の問いに「国家秘密です」。美しい笑顔とともに、当然な答が返って来た。

その二　九十歳を迎えられたM先生は、社会医学系の公衆衛生学の研究者として長い間、大学の医学部で研究生活を送られた。「健康づくり」を目的とした学問の分野で、「人間と環境」というテーマに取り組み、種々ご考察をなさっているうちに、俳句的手法の導入が役立つことに到達された。

句誌『太陽』を発刊し、「俳句セラピー」のエッセイを多数執筆し、心身ともに健康であることの生き方を推奨されている。

ご高名のM先生は、五十年も前から存じ上げてはいたが、親しくお話しできる機会はなかった。昨秋、M先生と共通の知己である元大学教授のK女史が、退官後、『七十歳からの手習展』を開催され、それをきっかけに不思議な糸が手繰り寄せられた。

今春になって、M先生とK女史、それに、お二人と縁のある私の同窓生との四人で、食事会を開いた。そのとき私の目の前にM先生が座られた。私にとって遠い存在と思っていたM先生との空気感が、温かく近くて何か不思議な昂揚感が湧き上がった。

M先生の話される諸々、話しぶりのユーモアと引きつけられる深い言葉、表情など非常にインパクトがあり、九十歳とは思えない若々しい魅力に感激した。

M先生の青春時代は戦中戦後の真只中、旧制中学四年生で学徒動員中に被爆された。惨禍の中で、三人兄弟の長男として、分かち合う心、感謝の心、家族の絆など、長男の存在感を示す生活を、知らず知らずのうちに母上から教えられた。M先生は、「人は人間として生まれるのではない。人と成る為に生まれる、だから成人式の意義がある」と……。

「心身共に健康」とは、「身体の機能が年齢に相応しく正常に働き、少々のストレスにも負けず、理性的な判断のもとに自分をよく統制し、豊かで安定した感情をもってこの複雑な社会にうまく適応して生活出来る状態」。そして健康づくりは、栄養・運動・休養が三本柱、これに「感性」を加えたいと話される。いわゆる感性美人である。

更にM先生は、感動とは諸々の中に発見があってのこと、感動は脳を進化させると定義された。そして「感動することをやめた人は、生きていないのと同じ」とは、アインシュタインの言葉だそうだ。然り、含蓄のある話である。

小学生の低学年の理科の時間に、「雪が解けたら何になるか」「水になる」正解である。一人の子は「春になる」。豊かな発想に感動した。水が凍ったら氷になるのではなく「冬になる」の発想が面白く、感心して聞いた。「歳時記」を読むだけでも心豊かになり、そこから「生命の讃歌」を説かれ、人生観・世界観さえ深める貴重なお話を聞くことができた。M先生は、常に何事も、特に俳句づくりでは「軽く楽しく一心に」がモットーである。話されるその姿と内容に、私は人に対してのワクワク感を覚えたひとときであった。日々新たに、「一日一会」と思って毎日の自分との出会いを大切にこれからを生きていきたい。

私の目標六十代は健康に、七十代はしなやかに、八十代は艶やかにと思って、既に八十路半ばを過ぎようとしている。今を無駄にしないで財産になるような生き方を努力し、人生の最終章九十代を迎えたい。現在は健康であることを幸せに、ボランティア人生を楽しんでいる。抵抗力を保ち元気で百歳に到達するためにも、少しペースダウンを心掛け、その日その日、の「おもしろさ」を楽しみ、更に「ときめき」の出会いを期待したい。

M先生の著書『俳句セラピー』も、軽やかに楽しく、一心にときめいて読み終わった。その余韻を楽しみ、友人間での話題として事欠かないエピローグである。この幸せに感謝。

ベレー帽のひと

森田　多加子

（もりた　たかこ）
北九州市出身、取手市在住。
「元気に百歳」クラブの、良き仲間に出会えたことを感謝しています。一緒に学び、遊べる楽しさは、今の私の全てです。

昭和三十年代、日曜日になると、朝の八時に必ずラジオのスイッチを入れた。『音楽の泉』という番組を聴くためである。堀内敬三さんの解説は、クラシック音楽に興味を持ち始めた私にも、分かりやすくて楽しみだった。

ＳＰレコードと呼ばれる硬い盤に代わって、ＬＰレコードが登場したころだ。その画期的な出現に狂喜したが、給料の半分以上もする高価なものだった。とても買える価格ではない。そこで「ロンドンレコード愛好会」に入会した。月に何枚か新しいＬＰ盤がグループに届く。順に聴いて感想を述べあう。今でいうモニターである。しばらくすると、

「北九州にも『勤労者音楽協議会』ができるので、仕事の合間に手伝ってもらえないか」と、モニター仲間の八木さんに頼まれた。

事務局を中心に宣伝部、企画部、組織部があって、それぞれ六、七人ずつに分かれて、仕事をする。組織部に属したわたしの仕事は、出演者の接待であった。出演者に、壇上で花束を渡すのも役目の一つで、演奏が終わり、高揚している出演者に手渡しするときは、晴れがましい気持ちになった。

「北九州労音」は、一つだった公演会場も、二つになり三つになりで、だんだん忙しくなる。そのうちクラシックだけではなく、ポピュラーもやっていこう、ということになった。試みにやったダークダックスの公演が大成功して、いよいよ本格的にポピュラー部門が発足した。そこに「シャンソンが大好きなんですよ」というベレー帽をかぶった男性が現われたのだ。

ある日彼から一枚の葉書が届いた。

〈ジョルジュ・ブラッサンスのレコードコンサートをやります。シャンソンも一緒に歌いましょう〉

ガリ版で印刷されていた。その印刷の文字とは別に直筆で〈ぜひおいでください〉という添え書きがあった。たったこの一行の直筆のせいで、興味のなかったコンサートにでかけることになったのである。

あとで聞いたのだが、二、三十枚出したすべての葉書に、この一行を入れたそうだ。

「やっぱりだまされましたか」

彼は爽やかに笑った。

何度かシャンソンを聴いているうちに、この人間くさい唄が大好きになった。とうとうウイークデーの昼間は勤務、夜と土、日は「労音」か「シャンソン友の会」の手伝い、という毎日になった。

ベレー帽氏は、毎月やっている例会とは別に、職場やサークルからシャンソン・コンサートの解説を依頼されて、八面六臂でとびまわっている。

ポスターを書く、お知らせの葉書をガリ版で刷る、プログラムを作るなど、いとも簡単にやってのける。出来たものは、いかにも楽しそうなものなので、彼がこれほど多くの資料を読み、考え、紙一枚にも神経を使っているとは、誰も思っていなかったであろう。

現在のように聴きたい音楽を簡単に聴けるという時代ではなかったので、ほとんどの会場は音楽好きの若者でいっぱいになった。しかし、来てくれる人たちに楽しんでもらうために、彼がいかに努力をしていたかを、私はよく知っている。コンサートの日まで、何度も何度もそのレコードを聴く。話すことを綿密に調べる。本番と同じように時間を区切ってしゃべってみる。解説をする人にとっては当たり前のことだろうが、あれほど忙しくしている人がそこまで完璧にすることはないのにと何度も思った。

二年たって、ベレー帽氏は転勤で東京に行ってしまった。そして、葉書が届いた。

〈ジュリエット・グレコのレコードが到着しました、と馴染みの店から電話があり、そそくさとレコード屋に出かけました。約二時間、ジロー、ロッシ、ドゲルト、ピルス、ドリールなどを試聴して、グレコのオランピア盤を後生大事に抱えて帰寮しました。これでグレコだけは一応揃ったなと、大満足して聴いています。やっぱりシャンソンは薄汚い寮の、洗濯物がぶらさがった自分の部屋で聴くに越したことはないとつくづく思います〉

惚れっぽい人だった。シャンソンにほれ、道造と太宰にほれ、プレヴェールにほれ、パイプとモーツァルトにほれる。八十代の今はいったい何に惚れているだろうか。

トキメキも世につれ

（いしかわ　みちたか）
兵庫県生野町出身・元銀行員。邦楽サロン「音いろ」幹事。
趣味は、小唄、三味線、エッセイ、テニス、ゴルフ。

石川　通敬

クラブ誌への投稿を今年はあきらめようと思った。そもそもトキメキという言葉の正確な意味を知らなかった上、素材をどこで見つけるのか見当がつかなかったからだ。とりあえず広辞苑を見ると、「ときめき」とは「喜びや心配などの強い感情のために、胸がどきどきすること」とある。次に「ときめく」を見ると「喜びや期待のため胸がどきどきすること」となぜか「心配すること」が抜けている。本稿ではこれ以上の言葉遊びはやめ、両者を含めて素材を考えることにした。

先ず頭に浮かんだのが、結婚当時のことだ。実は、婚活で私は相当苦労したからだ。なにごともそうだが、断わられるときも、断るときも、期待と心配が募る。当時はまだ大家族制の名残が残っていたため、毎回家族ぐるみで結果に対して胸をどきどきさせ、期待と不安を共有したものだ。しかしこれは見合いに限らない。入学試験、通信簿、入社試験、人事異動・転勤といろいろな局面での家庭内の出来ごとの一つだったのだ。しかし当時、家族が共有したよろこびや悲しみの機会も、核家族化、少子化、高齢者社会へ移行した結果、今や過去のものとなった。語るに足る事例は見当たらないのが現状だ。

そんなとき目に入ったのが、『日本の名著一〇〇冊を読む』(友人社刊　酒井茂之編)という本だ。同書は明治三十九年から昭和五十六年に発表された日本文学を対象としている。瞬時に日本人のトキメキの本質が、発見できるに違いないと早合点をした。本を開くと真っ先に『野菊の墓』が出てきた。高校生の頃に映画を見て大感激した作品だ。しかし読み進むうちに、残る九十九冊の大半は、貧しい後進国日本が、一等国にのし上がり、第二次世界大戦で大敗するに至るまでの百年間に、日本人が味わった苦難の事例を背景に書かれている。貧困と人権が軽視される社会の中で、必死に生きる人々の生活模様なのである。

名著として残るだけあって、どの作品もその中で、小説の山場として、あるいは息抜きの場として、その瞬間を巧みに描写しているハズだと思っていた。しかし主テーマは喜びへの期待より、貧困、飢え、病気、戦争という災難、迫りくる死を心配するものだ。

このアプローチでは何も書けない。そこで考えたのが、飲み会で友人達の話を聞く試みだ。様々なコメントが出されたが、その中で同感だと思ったのが、

「不倫に決まっているではないか」

というものだ。その理由は一九八〇年代前後に、不倫を主題材とした官能小説が、一世を風靡した記憶があったからだ。御三家の、富島健夫、川上宗薫、宇野鴻一郎の他、永井荷風等と枚挙にいとまがないほど多くの小説家がこのジャンルで活躍した。家庭の主婦達が家に持ち帰らないでと、苦言をいう作品が、大衆紙や大衆週刊誌、月刊誌を通じて送りだされていた時代だ。

受け皿となったのは、世界に名をはせたエコノミックアニマルと揶揄されたビジネスマンだった。彼らの職場は殺気立ち、殺伐としていた。その中でこうした小説が、非日常の不倫を疑似体験させ、オアシスの場を提供していたのだ。そうした後ろめたさも、渡辺淳一の小説『化身』が一九八八年に、『失楽園』が一九九五年に日本経済新聞の朝刊に連載された結果、昇華された。毎朝主人公の期待感を、職場ぐるみで共有する事態になったのだ。

今日では、女性の地位向上が進む世界の潮流に、日本社会も遅ればせながら影響を受け

ている。育休という言葉が浸透する一方、今や亭主関白という言葉は完全に死語になってしまった。当然現役男性のトキメキのときにも変化が起きているはずだ。

それでも、最近まで官能小説の世界は、働き盛りの男社会向けのあだ花と思っていた。しかしその認識も、二〇一三年に女優岸恵子の『わりなき恋』（幻冬舎）が、ベストセラーになったと知ったとき完全に変わった。彼女は八十歳。後期高齢者の彼女が、恋愛と性に迫る小説を出版したからだ。主人公は、日本とパリを拠点に活躍する女性ドキュメンタリー作家で、十二歳下の大企業重役との五年を超える不倫愛の物語が題材になっている。昔から男女関係を題材にしてきた瀬戸内寂聴は有名だが、明治から一五〇年を経て、高齢の女性が女から見たよろこびの様を堂々と吐露する時代になったのだ。一方、渡辺淳一は二〇一五年に亡くなった。時代の移り変わりを象徴している。

クラブ誌のお題は、普段考えたこともなかった人間社会を、一つの視点で考えるチャンスとなった。私にとって非常に有益だったと感謝している。特に印象的だったのは、男女間のトキメキが、両者の力関係の変化につれて進化している点だ。

フィギュアに恋して

上田　恭子

（うえだ　きょうこ）
東京都大田区在住。「元気に百歳」クラブホームページ担当。サロン「日だまり」世話役。

あれは二〇一六年のソチ・オリンピックの時だった。

それまでテレビでスケートを見ることはあったけれど、「女子の浅田真央ちゃんが綺麗に舞ってるな」としか見ていなかったし、「男子がフィギュアなんて似合わないな」くらいにしか認識していなかった。

ところが、日本人離れした手足の長い男の子が滑りだしたら、することなすこと決まっていて、フィギュアというより、バレーをみているような綺麗さで、思わず吸い込まれてしまった。

一応、三人の出場男子の名前は知っていたけれど、織田信成選手が、演技の途中で靴紐を切らして、審判員に説明していたのを記憶していたものの、それがどの競技会でのことだったか記憶もないくらいのファンでしかなかった。

その男子のひとりの「羽生結弦選手」が、日本人初の男子金メダルに輝いた。

金メダルを取ったにもかかわらず、余り喜びをあらわすことなく「悔しい」と言う。「フリーのジャンプで転んだから自分の演技に満足できていない」と、反省と悔しさを交え、勝利インタビューで答えていた。若いのに何という冷静なコメントかと、好意というか感動を覚え、おばあさんの心はわしづかみにされた。それからの彼の競技は欠かさず録画して楽しむようになった。

そして、今年の平昌オリンピックでは、彼は金メダルの第一候補と世界から目されていた。重圧もあっただろうに、去年の夏ころには順調に仕上がっていた。

二〇一七年十一月のNHK杯の練習中、彼は4回転ルッツの着氷で右足を痛め、大会には出場できなかった。診断の結果、二週間の安静と三か月のリハビリが必要とされた。

オリンピックまで三か月に迫ったころ、練習の拠点のカナダへ帰ったことまでは、ユーチューブやファンのブログで知ることができたけれど、緘口令が敷かれているのか、動静がまったくわからない。心配するファンの声を聴く私も不安にかられる。

オリンピックを前にした競技会は、すべてキャンセルをせざるをえなかったようで、このままでは、ぶっつけ本番になるのか、それともオリンピックを棄権するのかと心配した。ファンのブログを見に行っても、「祈っている」という記事ばかり。

フリーでの曲が、映画の『陰陽師』からアレンジした『SEIMEI』なので、京都にある清明神社には回復を祈る絵馬が沢山かけられていると知った。若かったら私も行きたいくらいに心配した。

孫が中学二年の頃、友達と映画を見に行くという。昔人間の私は、「中学生が友達と映画に行くなんてダメ」と父兄同伴のつもりでついていったのが『陰陽師』だった。野村萬斎が素敵で私も楽しんだ記憶がある。その曲を滑る結弦君は、他のスケーターとは一味違った滑りをする。ジャンプもいつ飛ぶのか分からない感じでひょいと飛ぶ。手の動き、指先までが曲に乗って動く。

二〇一八年二月十六日、待ちに待ったその日が来た。穏やかな表情で、静かに曲を聞き、やがて動き出す。ショートの曲は『ショパン・バラード第1番』。情熱的なピアノにのせて、うっとりとした表情が時にきびしい目になってやがてジャンプ……。

思わず目をつぶってしまった。三秒ほどしてそっと目を開けたら、お客さんが拍手。あ、無事にジャンプ飛べたんだ……。それからは、ほっと安心して見入る。終わった時、お客さんが総立ちで拍手。

結弦君愛用の「くまのプーさん」の雨が降って氷上が黄色く染まった。力が入ったのか、わたしの体が痛い。二一一・六八点！　最高点には及ばなかったけど一位で通過。

十七日、いよいよフリーの演技が始まる。二年前最高点を出した『ＳＥＩＭＥＩ』。右足の怪我は大丈夫なのだろうか？　無理したら選手生命をなくすかもしれない……。はらはらしながらテレビの前で見つめる。最初の所作の眼力が燃えていた。四か月も試合から離れていたとは思えない滑りをみせて、ジャンプしたあとも綺麗に降りた。滑り終えたあと、「やった！」と叫び、観客は総立ち。

「くまのプーさん」の雨の降る中、右足を両手でさすって何かをつぶやいていた。試合後の会見で、足は痛み止めを飲まないと滑れない状態であったことを初めて明かす。

そして、彼が念願のオリンピックで連覇を果たした安堵と喜びの表情をみて、この何か月間、金メダルより健康を願ってきたファンたち（自分を含めて）は、心から彼の優勝を共に喜んだ。

寝る前に、タブレットでユーチューブを開き、ニュースにならない裏情報に目を輝かせている八十九歳のおばあさんがいることを、結弦君、知っていますか?!

死ぬまでにいちど、ナマの結弦君を見たいと思っているけれど、チケットが取れない。歩けるうちに行かれるだろうか?

ショパン・バラード第１番

SEIMEI

「ときめく」想い出は宝物

田邉　瑞代

（たなべ　みずよ）
1941年、東京亀有で出生。
社会福祉の分野をめざし、零歳～老齢期までの援助指導に取り組む。定年退職後、新しい視点でのライフスタイルを求め、邁進（まいしん）すると共に、介護にかかわりつつ、その歩みを楽しむ。

人は誰しも生きる上で様々な感情が渦巻くものだが、「ときめく」ことの場面は、最も心豊かなひとときで、成長、進化の糧《かて》であることを体感してきた。

幼少期・小学生時代

家の近くには中川が流れ、土手は桜並木が続き、田畑が豊かに広がり美しい風景で、春の庭は花吹雪で桃色の絨毯《じゅうたん》になる。友だちとゴザを敷き、桜の蜜を吸ったり、ままごと、着せ替え人形遊びをワクワクしながら楽しんだ。子どもたちは川で泳いだり、田畑でトンボやイナゴを追いかけたり、生き生きしていた。近隣の人々は、下町人情に溢れ、温かい雰囲気があった。道路は土で牛車や馬車が、ゴトゴト音をたてて通る。

五十銭札を握りしめ、駄菓子屋で飴を買ったり、紙芝居のおじさんがくると、ワーと歓声をあげて集まる。缶けり、ゴムとび、黄金バットごっこなど夢中で遊び、夕方はラジオで、笛吹童子、怪人二十面相の放送をきく。また、貸本屋で本を借り、様々な物語を読む。胸が高なり、ときめく日々を過ごした。

昭和二十三年春、小学校入学。生徒数が多いため二部授業であった。紙類不足で、ノートの代わりに、各自、石盤（せきばん）、蝋石（ろうせき）と拭く布を持参する。ランドセルは粗末なズック製か、布袋など。雨の日は、高下駄をはき、番傘をさす。上履きは藁草履（わらぞうり）だ。給食はアルマイトの空弁当箱とコップを持参する。脱脂粉乳はまずくて、息をつめ味を感じないように覚悟の上、一気に飲む。

しかし、物品は粗末でも、小学校生活の楽しさは、格別のものがあった。

六年生になると給食を食べている間、先生が毎日、『少年少女世界名作全集』他、その年齢にふさわしい本を読み聞かせてくださった。新しい世界と、色々な興味が拡がり、本の楽しさを教えられ、その内容にときめいていた。

教師の感性と価値感、子どもに何を伝えるか、愛情の大切さが心に響き、人の育ちを豊かにしていく。

そして、十二人兄弟の友、貧しい生活や障害をもっている友など、その触れ合いは宝であった。学校生活は日々新鮮で、ときめきを豊かに感受し、成長を促進してくれた。

青春時代

私は旅が好きで、休暇がとれると旅に出る。素（す）の自分に戻り、未知なるものと出会う喜び、自然との一体感、無の境地を感じとれることもある。登山、スキーなどもした。特に青春時代の旅は人との出会いも多く、貴重な体験をした。知りあった異性との交際は恋愛となり、華やいだり心が弾み、ときめきの醍醐味を味わう。

そのことが、多様な文学や芸術を深く味わえる力を培（つちか）ってくれた。

仕事から得る力

十代の頃から人間の心理に興味があり、人との対応を大切にする仕事をしたいと、保育、教育、障害を持つ方々の援助指導の分野で働いた。

各人の個性は違い、その特徴の中に多少の差こそあれ、生きにくい面をもつ。その個性故に各々魅力があり、人の持つ力のおもしろさに通じていく。不足、不満ばかりをあげてみても、歩みは進まない。才能は何らかの形で各々が持っており、その原石を見つけることが出来るかどうか、特性をどう生かしていくかに尽きると思う。

この世は、一人では生きていかれない。様々な人の援助の元に歩みを積み重ねていく。生きる辛さと楽しみ、様々な個性、柔軟性と硬直性、その変化と成長、どの人も考えている。人間の根源にせまるような日々は、魅力的である。

「人間は何ておもしろいのだろう！」と、ときめき、それが仕事に取り組む推進力となった。

人生の黄金期

父は働きづめで病死、母は認知症で亡くなり、両親の老年期の状況が、いつも心の中にあった。

定年前から老年期を豊かにしたいと熟考し、新たなライフスタイルをさぐった。自由の獲得から各種の学習をし、パワフルに伸びやかに生きたい。

まずは森の中の自然あふれる所に癒しの家、集いの場を建て、介護に疲れた方に休養していただいたり、様々な方と心楽しい時を共有、活用した。また音楽、傾聴、医学貢献ボランティアにはげむ。

そして好きな旅を通して各地の文化に触れ、人々との交流を楽しみ、「毎日が発見」の思想で心が弾み、さらに進化していく。

ときめきの心

五十代に、実母、義母の十三年間にわたる介護が始まり、七十代で夫、夫の叔母の介護にかかわる。老年期は、人の手助けを必要とする時期がある。自分が介護にかかわることは、その立場にある自己を幸せだと受け止めるように努力してきた。

仕事、子育て、介護と、とぎれることなく多忙であったが、どの様にそれを織りなしていくかは社会資源も利用して何とかやってきた。それに加え、自身の老化、不具合は日替りで出現し、気落ちすることも多いが身の始末も大切なので、すでに樹木葬に自分の木を植えた。

人は時と共に生きて、過去を大切に抱きしめて生き続けていく。

人生は、すごろくに似ており、あがりまでの日々をじっくり味わいたいものだ。そして、万華鏡を見るような「ときめき」の心を失わず、生命の流れに身をまかせて、生ききることに価値がある。

学ぶこと

きむ　キョンヒ

（きむ　キョンヒ）
大阪市生まれ、東京都在住です。現在は月に一度「ほっと・サロン」に参加し、身体を動かし、歌を楽しんでおります。

「趣味とは、専門家としてでなく楽しみとする事柄」と辞書に書いてある。

趣味は歳とともに変わっていくようだ。

小学校の時は、絵を描くこと、中学校は読書、高校は音楽鑑賞、大学は映画鑑賞、結婚してからはショッピングだった。

子供のころ、父が、中小企業ではあったが、会社を経営していたので、家庭環境はまあまあだったように思う。

しかし、小学校低学年の時、手を繋いでいた友だちに向かって、

「朝鮮人朝鮮人ぱか（馬鹿）にするな、同じ飯食ってとこ（どこ）違う」と、囃し立てる悪ガキたちの言葉がトラウマになり、わたしは独りで過ごすようになってしまった。

学校から帰ると、家にこもり、塗り絵をしたり、家の庭でスケッチをしたりして過ごした。元々、内気な性格だったから、独りでいることは苦にならなかった。

趣味と言えるかどうか分からないが、今は「学ぶこと」だ。

「学ぶこと」というと、気取っているように思われるかもしれない。決してそうではない。頭の体操だと思っている。

三男坊が小学校に上がった時、区の講習会で歴史を学び始めたのがきっかけで、洋裁、彫金、韓国語と続く。

「学ぶこと」は、私の好奇心を満たしてくれて面白い。

夫が韓国勤務になりソウルへ行くことになる。五年後ソウルで定年退職を迎える。私はその時、韓国のS企業で外国語教育の日本語パートを受け持っていた。

私にとって、社員たちに日本語を教え、日本へ送り出すことは、やり甲斐のあることだったが、「学ぶこと」ではなかったように思う。

五十代半ばになった時、教えることでは満足ができず「学ぶこと」が頭を持ち上げる。「学ぶこと」は、自分を、知らない世界へといざなって、私の好奇心を満足させてくれる。

「その年で、何になるつもりだ」

「趣味でやるのだからいいでしょう」

「学費がどれだけかかるか、知ってるのか」

「自分で稼いでやるから、心配しないで……」

「遊び歩くと言うのではなく、勉強すると言うのだから、ご立派じゃないですか」

成人した息子たちが、笑いながら父親を説得してくれる。

幸いにS企業で日本語を教えていたので学費は稼げた。

韓国の延世大学の国文科に入学し、対照言語や韓国近代文学を学ぶ。

「ねえ、きのう徹夜して読んだんだけど、なかなか、まとめられないわ」

「アジュモニ（小母さん）は真面目なんだから。適当に書いて出せばいいんだよ」

「その適当が書けないのよね」

「僕なんか先輩のレポートを少し変えて書きましたよ」

「私は、好きでやってるのだから、他人のを写すのは楽しくないわよ」

「アジュモニは、好きだからやっていると言えるからいいよ。僕たちは就職に繋ってるんだから、大変ですよ」

「そうね。大変だね」

若い学生に比べれば、私は最高の贅沢をしてるんだなーと、その時おもった。

日本に帰り、夫の看病に明け暮れ、ストレスの行き着いたところが、高血圧、網膜剥離、子宮内癌であった。

夫の看病のストレスでイライラが最高潮に達していたわたしは『港区ニュース』で募集を知り「学ぶこと」が再燃する。

「駄目だ。俺が癌だと言うのに、よくもそんな呑気なこと言うな！　お前の病気の虫が、また頭を持ち上げ始めたのか！」と夫は怒鳴る。

「僕たちが、その日は交替で家にいるから、大丈夫だよ。行ったら」

息子たちが助け船を出してくれる。

あれから二十余年になるが、休んだり、続けたりを繰り返しながら、「学ぶこと」は、今も続いている。

兼好にときめかされる

芦尾　芳司

（あしお　よしじ）
神戸市出身、横浜市在住40年余。
「元気に百歳」クラブに入会して８年が過ぎました。俳句サロン「道草」で、仲間の皆さまと一緒に、俳句を楽しんでいます。

十五年ほど前のことである。気紛れな思いつきで兼好の『徒然草』を読んだ。第十二段には、喜びや感動は分かち合い、もし意見が違えば、相互に納得するまで話し合えるような、真の友に出会えない寂しさを書き、第十三段には、読み下した老子や荘子、白居易など、古の哲人、文人たちを「見ぬ世の友」にして、満たされない心を慰めていることを書く。そんな兼好がごく身近に感じられて、古語辞典や参考書を傍におき、暫し『徒然草』に熱中した。更に読み進むにつれ、兼好の博学博識、真面目さ、有能さ、用心深さや、また半面、気難しさ、弱さも見つけ、敬畏も親しみも膨らんだ。

今回のテーマが「ときめき」と聞き、これは兼好を書こうと決めた。原文の記載は省略するが、切ない恋心に魅せられる『徒然草』第百四段の意訳を、先ずはご高覧いただくことにする。兼好は男女の機微も見事に書いた。

＊　＊　＊

こんもりとした木々に囲まれ、少し荒んで見える館には、人の訪れる気配もない。そんな館に、ある女人が故あって身を隠し、ひっそりと暮らしておられた頃のことである。夕月のかかるまだ宵のほの暗い中を、館に人目を忍んで訪ねて来られた方がいた。犬が騒々しく吠えるのを聞いて、下女が「どちらからいらっしゃいましたか」と尋ねるのに、そのお方は、お供の者に何か仔細を伝えさせたのであろう。やがて案内させて門の中に入っていかれた。館のどことなく不安げに見える様子から、女人はどんな暮らしをしているのだろうか、辛い思いをしてはいないかと、そのお方は胸の締め付けられる気がして、粗末な縁側でしばらくの間、何処を眺めるともなく、じっと佇んでおられた。やがて「こちらにどうぞ」と、物静かな若々しい女人の声が聞こえて、そのお方は少し建て付けの悪くなった遣り戸から部屋に入っていかれた。

部屋の中は外見とは違って、きちんと片づけられていて好もしく、燈火のほのかな明るさに、置かれた調度の品々も奥ゆかしく照らされていた。急いで燻らせたとは思えない芳香が辺りに漂い、そのお方には女人の暮らしぶりが、とても愛おしく、懐かしく思えてきた。「門をしっかり閉めて。雨になるといけないから、牛車は門の下に止めていただいて、お供の方はあちらにお通しして」と、女人が弾む声を抑えながら、素早く下女に命じられているのに、「今夜はゆっくりと休めそうだわ」と、下女のひそひそと話し合う小声が、ほかには遮る音もなく、ひっそりとした静かな館なので、聞かずとも耳に入って来る。

さて、別れてからの出来事などを綿々と話されているお二人、夜もまだ明けやらないのに、鶏の鳴く声が聞こえたが、かまわずこれまでの心の隙間を埋め合い、これからのことを甘く秘めやかに話し合われたのであった。そのうちに鶏声が大きく聞こえてきて、女人が「あぁ、明けてしまったのかしら。もうお立ちになるのですか」と、少し拗ねるように申し上げたら、辺りはまだ暗く、そのお方も「今朝は急くこともないから」と、お二人は久方の時間をゆっくりと過ごされた。やがて外がいよいよ明るくなってきて、「また、きっと来るから」と優しく愛撫をされて、そのお方は帰っていかれた。

春四月、曙どきの館は、木々の梢も庭全体も素晴らしい青一色に染まっていた。その名残は忘れがたく、あの頃の甘美な逢瀬が思い出されて、そのお方はこの館の前を通られるときは、目印になっていた大きな桂の木が見えなくなるまで、目を離されなかったということである。

＊　＊　＊

兼好が上司から聞かされた恋話なのか、それとも、自分もお供として同行した出来事であったのか。私の思い込みの強さもあって、意訳が少し過ぎたかも知れないが、七百年の時空を経て、現代の私たちにも、見えるように伝わってくる。実は第三十二段にも短文ながら、この話と相似するものがある。ただ末尾には、女人の奥ゆかしい行いを褒めたあとに、「女人はほどなく失せにけりと聞き侍り」とあり、この百四段の終末部の文の運びからも、この女人も亡くなられたのではあるまいかと想像するが、どうだろうか。

かくして兼好にときめかされ、教えられたのは、儚く思うようには行かぬ人生でも、そこから新しい何かを発見することだと。新しい発見は、生きている「今」という一瞬を刮目し、常に生起している外の事象と内なる自分の関係を捉えることにあると。そしてその発見は、常に「ときめき」の多寡によって、決まってくると思われる。「ときめき」は、人生の活力剤であり、青春回復剤になり、思考力の源泉ということなのだろう。

だから、生きている限りはときめいていたいものである。

俳句つれづれ

今岡　昭栄

（いまおか　あきえ）
東京都出身、
東京都品川区在住。
平成30年度入会。

毎朝、起きると、まずベランダに出る。特に春は、冬を耐えてきた、植物たちが生き生きとしている。ハーブや小さな花のやさしい香りと、いろどり。「おはよう」と、あいさつをすると、植物の気を全身に受けて、幸せな気分になり、体から元気が湧いてくる。限られたスペースの中での私たち親娘の、朝の楽しみである。

植物たちの「ときめき」が聞こえてくるようだ。

私の人生を振り返るとき、いつも身近に、どんな時にも、支えになってくれたのが俳句と言える。両親、妹が亡くなった時、その悲しみを救ってくれたのも……俳句。

作句こそが、私にとっての一番の「ときめき」の原点であると、改めて思う。


私と俳句との出合いは、神戸在住の三年間、「玉藻」系の句会で、大叔母、叔母たちに囲まれての、気のおけない句座からである。六甲山を背景に、美しい港町、神戸は、海、山、生活が程良い距離にあり、「山笑う」が身近に、「風花」をまといながらの坂の上り下りと、季語の本意本情が日常的に感じられる、恵まれた環境であった。

春は花の下での野点、庭の花を愛でながらの食事会など、大勢の時は、十四、五人集まり、いつも、にぎやかで楽しかった。まだ若かった私は、叔父、叔母たちから多くを学び、毎日が新鮮で、ときめいていたように思う。


その後、東京に帰り、伝統俳句から現代俳句へと学びの場を広げ、結社誌、同人誌の句会、吟行、投句と、俳句に挑んでゆくような時期へと入ってゆく。歳月を重ね、その頃の尊敬する先達の年齢に近くなった今、本当になつかしく当時を思い出す。

今年、亡くなられた、金子兜太氏の主宰する、伊東大学へも通い、一泊吟行の夜は盃を交わし、大会等でお目にかかれた時には、親しく会話させていただき、尊敬する大好きな方でした。一方、私淑の「桑の実」句会、現代俳句協会の、行事の手伝い、吟行会などの準備と、忙しいながらも、充日していた日々。

加藤楸邨先生の「ものを見ながら、見えないものを見る」という「真実感合」の精神を作句信念として、私自身の詩情の在り処を、これからも、ゆったりと書いていきたい。

私の句集『ゼームス坂』より二十二句　無作為にひろい列記する

白梅の深き空より生れけり

水仙の岬に残したまま　父

息吸って吐くうっすらと春の虹

備前片口炎天のいろを沈めり

午后五時の空は身近かに雁渡る

湯上りの顔に目の無き月の宿

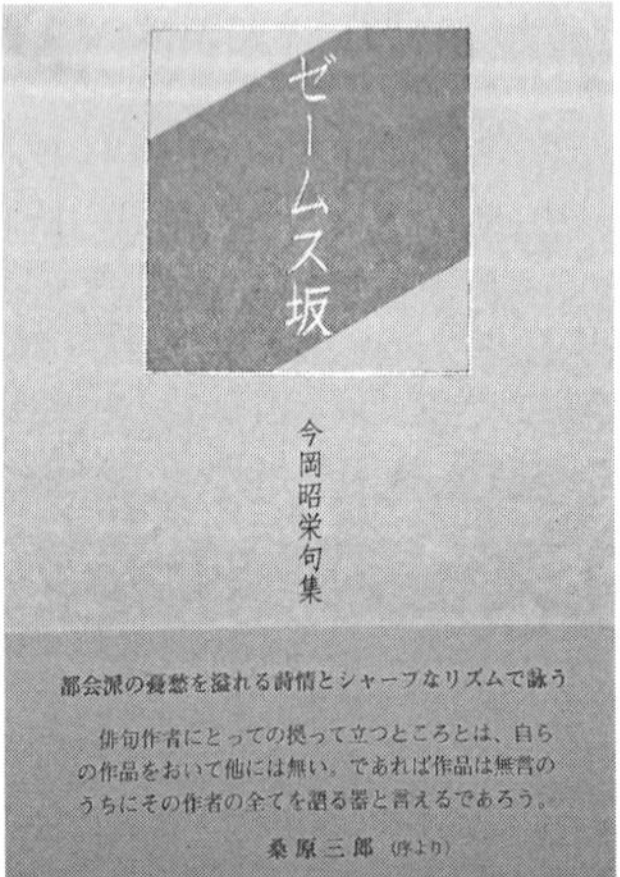

私の句集『ゼームス坂』

日は月を慕いつづけて花菜畑
春愁やからくり時計正午指す
禅寺の寂にさくらのしだれけり
母の日の遠き海より晴れてきし
旅立ちの朝の明るき薔薇の雨
皆既月食うすむらさきに海熟れて
地ビールうまし税関の裏通り
高原のガレの壺から夏の星

重い荷は風に預ける女郎花
火星接近コップの水と団栗と
出て行って帰る家あり天の川
ベネチアの壺災えている立冬
こんなにも日本晴れて散る山茶花
ひとりなり風花の舞う港なり
うっかりと笑いたくなる山二月
裸木やはればれと母立っており

雀、百まで踊り忘れず

寺田　薫

（てらだ　かおる）
広島県三次市生まれ。日本舞踊、三味線、ビーズアクセサリー作りが生きがいです。
花寿美会（かすみかい）会主。芸名は花寿美扇薫（かすみせんゆき）。千葉県市川市でお稽古スタートです。皆さまどうぞ。

突然、「元気に百歳」クラブ・編集チームから、原稿依頼の電話がありました。

「えっー！　わたしにですかー！」

だって、わたしのいちばん苦手なことは文章を書くこと。だから、自慢じゃぁないけれど、ラブレターなんぞ、書いたことがありません。乙女の頃から年賀状も書くのが嫌で、電話でひとこと、「ガショー！（賀正）」と言えればどんなにいいか、と思っていたくらいなのですから……。

なんとか逃れようと、「あーだの、こうだの」と言ってはみたものの、編集の方もなかなかの誘い上手、ついに「なんとかがんばってみます」と、答えてしまったのです。その日から、毎日後悔の日々。しかも題材が「と・き・め・き」だなんて。ここ数十年、忘れていた言葉です。そういえば、はるか昔、初恋にときめいたことがあったっけ……?。

改めて、「ときめき」ってなに?

辞書のホコリをはたいて、調べてみました。

――喜びや恋愛などの強い感情のために、胸がドキドキすること――　と、あった。ん?「ときめいたことって、ここ何年もないわ……」

本を読んだり、映画やテレビで、感動したことはあったけど、ときめきまではいかない。自分が歳を重ねて、心までドライフラワー化してしまったのでは、と寂しくなりました。日本舞踊をやっているので、舞台に出る前にはドキドキするけど、これは「ときめき」とは違う気がします。

でもいままで、いろんなものに興味を持ち、陶芸やアートクレイシルバー、ビーズなど、

私の趣味の集大成
フラワーアレンジメント・陶芸・ビーズのウサギ

その都度、それぞれに「ときめき」があったから、始めたのではないか、と思います。会心の作品ができた時の喜び、ときめきは何ものにも代えがたいものです。が、これが仕事となるとまた違うようで、いつまでも、ときめいてはいられません。

でも、いま改めて「あなたのときめきは?」と聞かれた時、頭をよぎったのは、「日本舞踊」です。日本舞踊は子供の頃から始めて、結婚や出産、子育てなどで中断はあったけど、四十数年やってきたのです。なにより、好きだったから、だれにも勧められたりしないのに、ずっと長い間続けてきたのでしょう。まさに、「雀、百まで踊り忘れず」ですね。踊りを長年やっていて、最近やっと少し分かってきたように思います。いままでは踊りの振りも、ただお師匠さんのまねをして、動いていたような気がします。

ある時、テレビで「吾妻徳穂」という人の踊りをやっていました。もう相当のお歳で、舞台の上での動きもゆるやかで、ただ立っていることが多いような独特の踊りでした。が、その姿は何かを語りかけていました。その一挙手一投足が観客に強い感動を呼びかけるのです。うっとりと、しばらく釘づけになったわたしでした。

当時、習っていたお師匠さんにその話をしました。

「そうなのよ。幼い頃からのお稽古が身について、躰が思うように動かなくなっても、そのぶん、中からにじみ出るもので、ただ立っていらっしゃるだけでも、人の心を打つのよ。まさに、名人技ね」と聞いた時、ゾクゾクッとしました。ああ、踊りってこういうことなのか、凡人のわたしでも、せめて、観客の人に、その曲の情景が見えるように、お稽古しなければと、一筋の道が見えたような気がしました。最近、そのことにやっと気が付いたような思いがします。

これから、あといつまで踊れるかわからないけれど、できれば、わたしがいままで習ってきたことを、踊りの好きな人に伝えていけたらなぁと思い、自分流の会「花寿美会《かすみ》」を立ち上げました。七十過ぎてのスタートは決して早いとはいえないけれど、花寿美《かすみ》扇薫《せんゆき》と名乗り、この六月から手ほどきを始めました。日本舞踊にときめきを感じながら、楽しいお稽古場にしたいと思います。手始めに、この季節、各地で開催される盆踊りや阿波踊りにもどんどん参加しようと、お教室は盛り上がっています。あなたもいかがですか？

浅草公会堂にて

「元気に百歳」クラブ俳句サロン「道草」

メンバーの競詠句抄（道人選）

主　宰　住田道人（西東京市在住　元銀行員）
副主宰　住田幸佳（西東京市在住　元保護司）

ガラス戸の音がフォルテに春二番　辻　柴楽
秋蝉の生きながらえし木立行く　木村　栄女
診察を待つ間の無聊冬日向　〃
山肌にすがる桜や峠越ゆ　〃
秋晴れや葛根湯と過ごす日々　太田　一光
屠蘇代り酒を並べて祝う膳　〃
鈴の音もひときわ細し寒の入　〃
豪邸に咲きし木蓮孤高なり　〃
紫陽花や水いっぱい飲み生き生きと　中澤　松女
涼やかに街行く佳人絽の着物　〃

秋めいてわが世を歌う虫の声　中澤　松女
淋し気に採り残された柿ひとり　〃
花誘う人の湧き出る上野山　〃
母あれば見せたき朝の額の花　舩戸　清助
荒れ庭は己が領地と秋の蜂　〃
さくさくと靴底うれし枯れ葉ふむ　〃
大木の幹ごと震う春嵐　〃
里の朝土地のすきまの芝桜　〃
銀座ゆく向日葵柄のワンピース　芦尾　白然
かなかなの声吸ひ込むや森や空　〃

菊日和いまだときめく八十迎ふ　芦尾　白然
初暦「幸」を願ふて一枚目　〃
黒土の香にさそはれて地虫出づ　〃
千万の蝶まふごとく桜ちる　〃
手始めに三枚おろし鯵料理　芦川　創風
秋立つや雲の形に教えられ　〃
富士染まる冬夕焼けのシルエット　〃
寄鍋が幸せ運ぶ新所帯　〃
木洩れ日が光の柱冬の朝　〃
小春日や凛と鐘つく僧一人　〃
含羞みし少年棋士や夏燃ゆる　板倉歌多音
宅地化や蝉に代はりて子らの声　〃
北側の窓よりそっと秋来たる　〃
おやつ何処に香りが招く金木犀　〃

奥入瀬に初雪降りて旅終わる　板倉歌多音
佇みて百年桜に明日を問ふ　〃
十薬や生命溢れて庭の主　井上　蒼樹
来し方の脳裏をよぎる秋の蝉　〃
旅ごころ誘う言霊風の盆　〃
カーテンの光の調べ冬日射る　〃
屠蘇祝う今年の夢に馳せる朝　〃
妻と観る旧き映画の日永かな　〃
水族館追われて光る鯵の群　上田　枯葉
朝寒し目覚めてしばし力ため　〃
房総や切り絵の如き秋日和　〃
屠蘇に酔い笑いおしゃべり下戸家族　〃
今年またにぎわう寺の苗木市　〃
春光に波くだけ散る船の旅　〃

稲妻と轟音杜に突きさる　奥田　和感
掛け声で大きさ判る酉の市　〃
磐梯山積雪五センチ旅阻む　〃
黒土をもつこり押し上げ地虫出づ　〃
春二番スーパーマンになる気分　〃
初々し姿はどれも春の色　〃
大仏も苦行におはす溽暑かな　君塚　明峰
知らぬ道歩くのが好き秋澄む日　〃
秋の空雲は天才画伯なり　〃
初みくじ良縁ありと言はれても　〃
啓蟄や川面に魚の背光る　〃
チューリップ子等の描く絵はいつも晴　〃
鑿鉋ちよいと寄せたる三尺寝　高瀬　荻女
だるま売る上州訛酉の市　〃

屠蘇の香の不思議を朱き盃に受く　高瀬　荻女
玄関の靴靴くつや初笑　〃
どうどどと春の嵐や又三郎　〃
春光や幌かけてゆくベビーカー　〃
風淀み溽暑の気配朝七時　中島　憧岳
萩の寺足音のみの夕べかな　〃
山栗の毬に刺されし小指かな　〃
蜜柑剥くめり込む爪にツユ弾け　〃
水鳥の膨らむ産毛光刺す　〃
春二番洗濯ばさみの数増やし　〃
白萩や雨の白さを葉に乗せて　原　晶如
ひと波に香り乗せ来る稲の秋　〃
燗酒にいよいよ弛む膝頭　〃
浮き上るライトアップの街師走　〃

金継の皿に薄ら日寒の入　原　晶如
散るさくら髪に袴にけふ発つ日　〃
仰のけにおどけて果てる秋の蝉　本間　傘吉
炎天を揺するスタンド大歓声　〃
朝寒や猫と日向を譲り合い　〃
この国によくぞ生れて初日の出　〃
猛々と大地息吹くや春一番　〃
里山の花に舞う人謡う人　〃
曇天の庭に十薬あるがまま　森田　多佳
山道の狭くなりたるこぼれ萩　〃
朝寒し朝刊のへり鋭くて　〃
茶筆筒にほこりの見えし師走かな　〃
こんことり音つくりつつ霰降る　〃
闇の道白木蓮のせまりきし　〃
祝宴の冷酒コップの滴かな　住田　幸佳
潮の香の残りし髪に今朝の秋　〃
羅を小さき歩幅にひらめかす　〃
望月の酒生業を忘れさす　〃
十三夜盃の中いや白し　〃
葉のハート花より愛しシクラメン　〃
濃き淡き芽吹きの色も個性あり　〃
鯵釣りて大物狙う餌とせむ　住田　道人
帯同し向日葵のごと拝謁す　〃
そよ風にさへ大仰に乱れ萩　〃
色づきて気付く狭庭の蜜柑かな　〃
寄鍋やしばし奉行に箸委ね　〃
啓蟄や俄かに狭庭畑と化す　〃
春光を砕き振り抜くドライバー　〃

「ときめき」雑感

渋川　奨

（しぶかわ　まさる）
昭和19年３月生まれ。
福島県福島市在住。
自営業。
全日本剣道連盟居合道教士八段。
日本詩吟学院福島岳風会八段。
ボランティアで福島花見山案内人。

広辞苑で「ときめく」を調べると「喜びや期待で胸が高鳴ること」とある。ただドキドキするだけではない。「喜び」とか「期待」が伴わねばならないのだ。ただのドキドキなら、いままで生きてきて、仕事や趣味で何百回とあるわけだが、「ときめいた」のはそんなにあるわけではない。そういえば、最近「ときめいた」ことなど無いような……。いや、ないことはないのだが、歳をとるにしたがって、少なくなってきているような気がする、あるいは、高鳴りの度合いが低くなってきたような気がする。それが歳をとる、ということか……。

思い起こせば、昔は大いに「ときめいた」ものだ。

子供の頃のクリスマス前夜。サンタクロースの持ってきてくれるプレゼントや、遠足の前日の胸の高鳴り。高校入試や大学受験の発表を見に行った時の期待や喜び。

また、女性に対しては特別な高まりを覚えたものだ。異性を意識するようになる小学生の高学年からは、学芸会で『里の秋』を独唱したA子ちゃん。劇の中で先生役を演じたB子ちゃん。「私とE子ちゃんのどちらが好きか？」と迫ってきたD子ちゃん。中学で可愛かったF子ちゃん、G子ちゃん。同級生の姉できれいだったH子さん。

高校時代は男子校で女っ気なし……。いや？　家に遊びに来たことのある、中学時代の友人I子ちゃん、J子ちゃん。

受験勉強から解放された大学時代は柔道部の同期生やアド・グル（青山学院独特の自分の好きな教授を選んで、その教授を中心に交友する組織。卒論を主とするゼミとはちがう）の男友達と青春を謳歌する一方、K子ちゃん、L子ちゃん、M子ちゃん、N子ちゃんなど、みんな可愛く見えて追いかけた。そんな時は、いつもときめいたものだが、誰ひとり手を握ったことすらなかった。このことは私の名誉のため、はっきり文字に残しておこう。なぁに、ただ、女性という動物が怖かった？　だけなのだ。

さて、最近胸の高鳴るのに気づいたことがある。全国審査である、居合道六段及び七段審査の審査員に選ばれたのである。全国に百二十人以上いる八段の中から十二人しか選ばれない。その中に選ばれることは大変名誉なことなのである。

審査員には定年制があって、七十二歳までと聞いていた。既に私は七十三歳になっていたので、とっくの昔に賞味期限切れであきらめていた。というより考えてもいなかった。そんな私の元へ全日本剣道連盟から審査員の委嘱状が届いたのだからビックリ。間違いではないかと問い合わせた。間違いではない、との返事。なんでも、定年制が延長になり、資格ができたのだとか……。ときめいた！　胸の高鳴りを感じた。

平成二十九年十一月十八日、東京・江戸川区スポーツセンターで、厳粛に公平に勤めを果たした。

六・七段審査会は年二回ある。秋は東京、春は地区講習会が開催される都市（開催地が変わる）で行われる。平成三十年春は、山形県天童市で、六月八日の開催が決定している。「定年が延び、そして前回の私の審査態度が評価されたなら、また委嘱状が届くかも知れない！」。そんな自分の気持ちの高鳴りを抑えながら、毎日のように自宅の郵便受を見に行く日が続く。「来ない、来ない、今日も来ない」。彼女からのラブレターを待つような心境だ。何日経ったか……。

「来た!来た!」全剣連からの一通の封書。間違いない。開封ももどかしく感じる。

「委嘱状　貴殿を居合道六・七段の審査員に委嘱しますので尽力願いたい」とある。

たかが居合、されど居合なのだ。二十六歳の時から四十七年も続けているのだから。そして今も、金曜日以外はほとんど稽古に行き、門人たちを指導しているのだから。完全に生活の一部なのである。顔を洗うことや、歯を磨くことと一緒なのである。

これから老いを重ねると、喜びや期待で胸が高なることなど無くなり、病気とか死に対する不安や恐怖で胸が高なることが多くなるのだろう。しかし、これは「ときめき」とは言わないであろうから、何と表現するのだろう……瀬戸内寂聴さんの本でも読んでみるか。

今年も「ときめき」がありますように……

「観光立国」か「文化立国」か

伊達　正幸

（だて　まさゆき）
1938年京都市生まれ、藤沢市片瀬在住。「神奈川善意通訳者の会（KSGG）」所属。ボランティア以外に趣味の謡い（観世流）、俳句、ウクレレを楽しむ。

この二、三年ほど毎年訪日外国人の数が増えている。二〇〇三年頃、年間五百二十一万人だったのが十年後の二〇一三年には一千三十六万人となり、二〇一六年には二千四万人になった。二〇〇三年に国際観光機構が「ビジット・ジャパン」キャンペーンを開始して、世界中でパンフレットやイベントを展開してきたのが徐々に効果を出していると思う。国内でもわれわれ民間団体がこのキャンペーンを盛り上げてきた。例えば、二〇〇四年に「全国善意通訳者の集い・横浜大会」を催したとき、メインテーマに「私たちはビジット・ジャパン・キャンペーンにどう貢献していくか」を掲げて四つの分科会で有益な議論をした。

丁度その頃にはインターネットの活用が広まっていた。PCの性能も価格も良くなり、急速に普及して、Eメールは勿論のこと、ホームページの開設も盛んになった。二十一世紀の始まりとともに、デジタル文化が開花したといえよう。

「神奈川善意通訳者の会」でも先の全国大会での意見交換会から刺激をうけて、ホームページの充実と、それまで控えていた外国からの個人客の受け入れ体制作りをした。「ビジット・ジャパン」キャンペーンの一翼を担うことになったわけだが、現在も週二回くらいのペースで申し込みを受けている。最近は世界を巡航するクルーズ船の中から横浜寄港の日を指定しての申し込みが増えている。

「観光立国」を目指そうと発案した小泉元首相の政策を引き継いで、第二次安倍政権が観光立国の実現を、国の重要な成長戦略の柱の一つにした。二〇〇三年（平成十五年）に開始した「ビジット・ジャパン」キャンペーンから丸十年を経ていたが、その間、地道に成果をあげ当初の倍の一千万人の大台に乗っている。この事実は、日本という国にとってどういう意味をもっているのだろうか。つい最近まで、観光というと史跡、名所旧跡を訪れることと思っていたので、外国に行っても大方はそうした場所を訪ね回ってきた。自分たちがそうした考えだから、外国から来る訪日客もそうだろうと思ってきた。

私たちは、個人客のガイドをした時は、登録会員全員（現在四百八名）へ報告することにしている。最近多くの会員が経験していることは、多くの訪日客がスマホをもっていること、そして昔の観光地訪問とは違う目的を持って来ているということである。

スマホの活用に関していえば、日本人の世代間の格差は天と地ほど大きいが、これを外国人と日本人と比べると同じくらいその格差は大きい。日本のスマホは高価すぎて、外国の普及率には敵わない。いずれにしても、スマホの活用威力は凄い。

観光名所、特に鎌倉に多い寺社で、昔のアナログ的な説明をしてもほとんど興味を示さない。ＱＲコードをかざせば一発で歴史や謂れは分かるのである。足利氏の盛衰よりも抹茶と茶の作法に強い関心を示す。または、竹林の静寂や薄暗い小道に漂う冷気に甚く心を奪われて、真の日本を発見したような様子である。アニメ、ゲーム、ラーメン博物館、古民家園、ハイキングコース、先端技術工場見学、市場見学、和食および生姜、わさび、醤油、味醂などの和食の隠し味や調味として使うもの、などなどへの関心は、そんなものに？　と思うほど強い。おもてなしの真髄は彼らが見たいもの、味わいたいものを体験してもらうことである。この現実を考えるとき、日本が訪日客を引き寄せる魅力は何なのか、立ち止まって考える必要がある。

われわれには二千年以上の変化に富んだ歴史があり、その遺産が多く保存されている。確かに中国やヨーロッパにも、日本以上のものがある。では、と考えると、日本には美しい田畑と山と海の自然景観もあり、さらに他国にはない良質の食生活や生活習慣などがあり、かつそれらは画一的ではなく地方色が豊かである。それらは一言でいうと「日本文化」である。和食として世界に認められた食文化は、二万円も三万円もする凝った料理ではなく、日常の食材を使って伝統的な調味料で料理したものを言う。

食文化に限らず、私たちの生活に染み込んだ習慣というものがある。それらを「文化」と呼んでいる。この文化の種類では日本は他国に引けを取らないのではなかろうか。しかも高度に洗練されている。能や芸能文化、和様建築文化、工芸・焼物文化、きもの文化、武道文化、和紙文化、アニメ・映像文化、茶道・花道文化、カラオケ文化など、日頃当たり前のように生活に密着している文化である。

近年の訪日外国人はこうした日本固有の文化に強く惹かれているのではなかろうか。先に述べたように日本は「観光立国」を成長戦略として推進しているが、昔の感覚での「観光」を推進しても日本の「文化」を求めて来日する訪日客への真のおもてなしにはならないであろう。いまや我々は「文化立国」を唱えるべきである。

ときめく時

本田　彩雪

（ほんだ　さいせつ）
1940年名古屋市生まれ、愛知県岡崎市在住。1998年NTT退職後、画業に専念。釜山慶星大学短期留学。2017年大学院生。

特論講義で問題提起されたことは、「何を作る・何を描く」ことから「どう作る・どう描く」に一歩前進させることであった。創作する時、自分は何を言いたいか、どう伝えたいか、そのプロセスを表現することは容易ではない。詩が読める人は絵が描ける。絵が描ける人は詩が読めると言うが。

私が日本画を始めた動機は、岡崎市主催の日本画教室の一期生としてトライしたからである。働きながら子育てしながら続けることは楽ではないが、岩絵具の魅力にとりつかれた私は紆余曲折、何度も迷路に迷い込みながら続けてきた。齢を重ねた今であるが、思い続けていること、それは「生きることは描くこと・描くことは生きること」である。

洞窟壁画は人間の生きた実証。描かれた線の持つ不思議な魅力の擒になって一〇〇号に描いたことがある。講義からは、呪術による意識変容状態の心のありよう、洞窟内での現実の状況が一致して見えたビジョンの記憶を描き、壁は二つの世界を結ぶ膜であると解析された。より一層洞窟壁画に興味津津〝ときめいた一瞬〟

ラスコー、アルタミラ、エジプト、メソポタミア。私は二〇〇〇年にエジプト王家の谷で不可思議な体験をした。岩窟墓内は薄暗かったが壁画、レリーフ、ヒエログリフは色褪せることなく物語の判読はできた。外気が遮断され異臭が漂っている。暫くして異様な気配に動転。地面のない霊気の空中を一人で歩いている。団体で入ったが人の気配さえない。出口を探さねば！　必死に目を凝らし微かな光に辿り着いたとき、強張った体が解き放され我に返った。みんなの声が聞こえる。呪いの世界に迷い込んだのでしょうか？

ルネッサンスからアールブリュットまで、絵画の歴史・西洋編の大切な流れ、ポイントを学ぶ。大学四年間で学ぶ機会を逸していたことに気付き、何ゆえの大学院か？　悟る。

世の中の全てを知ることはできない。大学で学んだからとて、博士号を受理したとて、学び果すことは不可能である。けれど未知の世界を知ったとき人はときめく！

マルタ島の墓参

（くわた　ふみこ）
旧満州生まれ。
国際児童図書評議会JBBY会員。
平和と寛容の国際絵本展「ハロー・ディア・エネミー！」実行委員長。

桑田　冨三子

二〇一〇年の四月、「聖心女子大学」世界同窓会が、マルタ島で開かれた。日本からは十五名が参加し、ドイツに居た私も合流した。会が終わって、日本人グループは「大日本帝国第二特務艦隊戦死者の墓」を訪れた。

その日は快晴であった。地中海の空は陽の光が溢れ、海がキラキラと輝いていた。カルカーラの丘の上にある英海軍基地の一隅に、その碑は立っていた。人の背丈よりもずっと高い立派な石碑である。

どうして、こんな遠いところに墓碑が建っているのだろうか。

話は一九一四年に遡る。第一次世界大戦下の大日本帝国は日英同盟に基づいて連合国の一国として参戦した。ヨーロッパ戦線では血みどろの激戦が繰り広げられ、末期になるとドイツはユーボート（潜水艦）作戦を展開し、連合軍の輸送船団には魚雷による甚大な被害が出た。

イギリス政府は、連合国への輸出で多大な利益を上げている日本に対し、地中海の輸送船団を護衛する艦隊の派遣を要請した。

まさに、現代でも問題となっている「集団的自衛権」である。

当時の対潜水艦技術は未発達であったから、ドイツのユーボートに立ち向かうのは、死を意味するに等しかった。「日本人も血を流せ」ということである。

日本政府はこれに応じ、一九一七年から約一年半、十八隻の艦隊を派遣した。

戦艦は日本を遠く離れた地中海で、勇敢にユーボートと戦い、輸送船の護衛、さらに沈没する船の救助に大活躍をした。救助した多数の人を艦内に収容するから、食糧や水はたちまち底をつく。日本兵は、食糧はおろか衣類や寝場所までを彼らに譲り、自分たちは空腹と不眠のまま任務を遂行した。

この日本海軍の姿勢、精神、操艦技術は、マルタやイギリスをはじめ、連合国の人々の心を強く打った。一九一七年五月四日、三千人を乗せた英国兵員輸送船「トランシルバニア号」が魚雷攻撃を受けて沈没した。駆けつけた日本の駆逐艦「松」と「榊」は、敵の潜水艦と戦いながら乗組員八百名を救助した。

これらの日本軍の活躍に対し、イギリス国王は日本の将兵に勲章を授与した。英国議会には前代未聞のことがおきた。日本語で「バンザイ」を三唱したという。

しかし、これらの任務中には、尊い犠牲もあった。任務中の戦艦「榊」が魚雷攻撃を受け大破した。五十九名の戦士が帰らぬ人となった。他の戦闘と合わせて、日本海軍の七十八名が命を落としている。

世界の称賛を受けた日本人、こんなに勇敢で誇り高い日本人が居たということを忘れないために、一九一八年、この大理石の墓碑がカルカーラの英海軍墓地内に建立されたのである。

碑の前に集まった私たちは、手を合わせ、祈りを捧げていた。その時である。ふっと、ハーモニカの音が耳に入った。仲間の一人がテンホールズを吹いている。

「海ゆかば　みずくかばね
山ゆかば　草むすかばね

大君の辺にこそ死なめ　顧みはせじ」

これは第二次世界大戦の時、戦意高揚を図って日本政府が作らせた歌である。歌詞は万葉集（大伴家持）から採り、信時潔氏が作曲した。

現代風に訳すと、こんなつぶやきであろう。

「海で戦い命をおとせば　からだは水に
山で命を落とせば　からだは草になる
天皇のおそばで死ぬのに　なんの悔いがあろう」

ハーモニカにあわせて、みな声を揃えて歌った。歌声は静まり返った午後の墓園に、しんみりと響いた。「なんと、哀しいひびきなのだろう」涙する人もいた。私は（ここに居るのは、みな若い連中なのに、よくこんな歌を知っているな）と正直、感心した。

帰り道、門のそばに木造の小屋があった。小屋の中の壁に墓標説明のメタル板が掛っていた。ここには、ドイツやその他、多くの国の兵士がねむっているようだ。木の椅子と小さなテーブルがあり、墓参の人が記帳するようにと、分厚いアルバムが置いてあった。

開いてみると、様々な国の文字で名前と日付が記されていた。いくつかの日本文字も目についた。

後日談がある。墓参メンバーの一人が、こっそり、友に尋ねた。

「あの時、碑の前でみんなが歌ったのはとても良いメロディだったけど、何度も『ヒポー、ヒポー』って歌っていたでしょ。何故、ヒポーが出てくるの?」

(ちなみに、河馬《かば》は英語でヒポーである)しばらく考えていた友は、こみ上がる笑いを抑えながら答えた。

「あれはね、河馬ではなくて『かばね』なの。つまり屍のことよ」

私は若者たちに「海ゆかば」の時代は理解されていないと改めて知った。この質問をした人の「名誉のため」に付け加える。若い彼女は大変、有能な英語教師であるが、帰国子女であった。

我がワクワク・どきどきの思い出

齋藤　豊一

（さいとう　とよかず）
製鉄業でオートメーション化に従事。
その後、多角経営の一つＩＴビジネスに移動。17年前退き、認知症の母を連れ東京から地元名古屋に戻り介護に専念。「愛・地球博」の市民プロジェクトに出会う。以降、ＩＴを使った市民活動にはまる。

今号のお題は「ワクワク・どきどき」、そのように思う出来事は最近少ない。若いときはいっぱいあったと思うのだが、加齢とともにそう感じなくなったようで、楽しいと思うことが少なくなったせいか。

我が人生の後半、勤めを退きホームタウンの名古屋に戻り十数年、振り返れば数回「ワクワク・どきどき」の記憶が残る。

本誌七号・十号・十一号に投稿した文章を読み返し、その時のことを思い出した。

「愛・地球博」市民プロジェクトでの「ワクワク」

名古屋での暮らしが落ちついた平成十五年春、市民プロジェクトに参加、「シニアライフをITで豊かに！」をキャッチフレーズにプロジェクトを立ち上げた。全二百三十五の「愛・地球博」市民プロジェクトの一つに位置付けられ、補助金と市民パビリオン使用の日時が決まった。

開幕半年前のころ、準備状況の報告に伺った際、故・小川巧記プロデューサーから「自分が提案企画したプロジェクトが実現に向け進んでおり、さぞワクワクしているでしょう」と声を掛けられた。咄嗟のことなので、曖昧な返事したことを、今もはっきり覚えている。

結果としてはとても上首尾にできたが、そのころはイベント内容の詰めやら、参加動員力確保やら、いろいろ苦闘していて、それどころではなかった。

もし今の私なら、小川プロデューサーがいうワクワクを味わったことだろう。このケースのようにワクワクを感じるには気持ちの余裕と経験が必要なようだ。

事務局制作の看板

ともかくそれ以後も、スペイン・サラゴサ万博、上海万博への、出張出展を続け、万博への市民活動の関わり方のPRに加わった。

自分の事務所を持つ「ワクワク・どきどき」

前記の「愛・地球博」閉幕一年後、名古屋の都心・広小路葵交差点にある四階建てビルの二階の一室を我が事務所として借りることができた。今年五月末に閉鎖するまで十二年間続いた。

地下鉄に近く、申し分ないロケーションだが、閉鎖したのはビル自体が古く、耐震性に問題を感じたからだ。リーズナブルな家賃で名古屋の中心部に自分の事務所を持てるすばらしさ。一方、具体的に何に使うのか？　その費用対効果は？　本当に必要か？　など、自問自答が続いた。自分に借りられるのか？　その年の五月の連休はそのことで「ワクワク・どきどき」。

結局借りることができ「オフィスグランパ」と名付け、①仲間が集まるサロン②グループの会議室③趣味の教室④経営士・環境経営コンサル事務所など、幅を広げてきた。

グループの会議　オフィスグランパ

怪我の功名

（なかにし　せいび）
1930年生まれ。群馬県伊勢崎市出身。東京都杉並区在住。
退職後、シニアのためのパソコン教室開講。
趣味は合唱、三味線。

中西　成美

今年の正月、妻が家で転んで大腿骨を骨折してしまい、人工骨を入れる手術をうけた。高齢での怪我なので心配していたが、幸い五か月たって、リハビリの努力の甲斐もあり、普通に歩けるようになってひと安心したところだ。

私は病院好きといわれるくらい、ちょっとしたことでもすぐ病院に行く。小病はたくさんあって何度も入院しているが、妻は華奢な体つきだけれど丈夫で、入院はお産以来はじめてという。そんなわけで我が家では家事はほとんど妻が引き受けて仕切っていた。

それが急な入院で食事、洗濯や、掃除ゴミだし、整理などしなくてはならなくなった。

今は男性も家事育児をする時代だから、こんなことを言うと笑われるかもしれないが、やってみるといい経験になったと思う。

学校卒業後、クラス会に在学時代の教授をお呼びした。ちょうど奥様を亡くされた直後だったので、家事を自分でやるようになったということから、買い物の話になった。

「やってみると買い物も面白いですね。同じものがお店によって何割も値段がちがったり、親切なお店や無愛想なお店、美味しいところ・不味いところ、などいろいろあって研究に値しますね。家内が日頃言っていたことがよくわかりました」と言われた。私も同感で最近はよく吟味してから、買うようになってきた。

私は物事の処理は計画的に順序だてててやったほうがいいと思っていたが、家事のように細かいことが次々にたくさん出てくるときは、それより、目の前のことを手早くかたづけていったほうがいいということもわかった。

今は、怪我も回復してきたので、家事は再び妻の方にもどっていきつつあるが、興味は残っている。

この怪我の間、もう一つ面白いことがあった。

昨年、長年使っていた携帯電話をスマホにのりかえた。ちょうど我が家で加入しているケーブルテレビの会社がスマホを扱い始め、費用が携帯電話より安い。それにひかれて切り替えたのだが、使ってみるとなかなか便利だ。娘がきて、対象は家族間だけの「Ｌｉｎｅ」の設定をやってくれた。「Ｌｉｎｅ」はいろいろ悪い評判もあったので、どうかなと思っていた。

しかしこれが、ちょうど妻が怪我をした直後のことで、三人の娘との連絡にとても役立った。発信するのが簡単で、メンバー全員に届き、撮った写真なども、そのまますぐ送れる。スマホだから皆身につけているので、すぐ返事が来る。普段、メールをだしてもなかなか返事がないのだが、「Ｌｉｎｅ」だとすぐ応答がある。妻の怪我がおちついてからも、いろいろ交信ができて、家族間のコミュニケーションがよくなった。だから、周りの人にも、「これはいいですよ」と宣伝している。

それから、いままでは縁がなかったけれど、今度はじめて介護保険のお世話になった。地域に区のケアセンターがあり、そこに相談すると実に親切に対応してくださる。

家にもきて居住状況を調べてくれ、このベッドは低床で立ち上がるのが難しいから可動式のベッドがよいとか、シャワーを浴びるのに安定した椅子があるといいとか、手すりの取り付けとか、いろいろアドバイスしてくれ、ベッドなど安い費用で借りることができる。

怪我の治療はほぼ終わって日常生活ができるようにはなったが、これからの健康維持のためのケアなどについても色々なサポートを得られるのではないだろうか。

私の姉は九十二歳になり一人暮らしで生活している。今は丈夫で、元気にすごしているが、転ばぬ先の杖で、将来のことも考えなくてはならない時期だ。今度のことで、高齢者の支援について、いろいろなことを勉強できたので、この知恵をいかして、姉とも相談し、考え始めたところだ。

国の財政負担は大変だろうと思うが、手厚い支援はありがたいことだ。

そんな事情で、妻も私も家にいることが多かったので、丁度よい機会と、片付け大作戦をはじめたのだが、怪我の回復とともに、外出機会が増えてきて、これはあまり成功していない。

妻の怪我という思わぬアクシデントで、ときめかない話なのだが、少しはいいこともあるのではないかと、書きしるしてみた。

田舎のレストラン

（たけまえ　よしひろ）
出身は長野県須坂市、現住所は東京都港区、サロン「あとりえ一丁」で、水彩画を楽しんでいます。

竹前　義博

私の故郷は、長野県の須坂市です。三方が山に囲まれた緑に囲まれた美しい里山です。この様な田舎に素敵なフランス料理のレストラン「シアンシアン」があります。オーナーシェフは女性で、ご主人の退職と共に、千葉からここに移り住み、趣味の料理が高じてレストランをはじめました。広いリビングをおしゃれなレストランにしています。大きな薪ストーブがあり、回りには色々な野の花のドライフラワーが壁を飾ります。ベランダからは、畑・田んぼ・山々、遠くには北アルプスが見え、本当に素敵な空間です。料理は、フランス料理のフルコースで、材料は近くで採れる村の野菜を使っています。

村は標高六三〇メートルと高く、また、内陸ですので、朝晩の温度差が大きくなります。これにより、野菜の味も格別です。奥様の腕とあわせて、美味しい料理がいただけます。料理、雰囲気、オーナーの人柄が素晴らしい事に加えて、私にとっては、さらに素晴らしい事があります。

レストランは、わが家から歩いて十分ほどの村はずれにあります。行く時は、まだ明るいので、道端の草花を話題にしながら向かいます。周りは平凡な田舎風景なのですが、都会からくる友達にとっては新鮮な体験です。

そして、帰る頃になると、日は暮れて回りは真っ暗です。都会の様な人工の光はなく、家々から光が漏れてくる程度です。

空は満天の星空です。美味しかった料理や、星空を話題にしながら家路につきます。私にとって、家を出てから帰るまで、友達と一緒にすごした楽しい時間が、至福の時となりました。

しかし、残念ながら、昨年十月、「シアンシアン」は閉店しました。

「シアンシアン」よ、楽しい思い出を沢山くれて、ありがとう。

平和な時代に生きる幸せ

（のうさく　やすお）
昭和13年大阪市生まれ、戦後、富山県に定住、現在に至る。
新しいもの好きでICT大変革時代、変化の波乗りの楽しみが尽きない。“三日坊主”を旨として健・巧・快ライフを心がけている。

能作　靖雄

平成三十年三月、元気に傘寿を迎え仲間から誕生日にお祝いの集いを催して戴いた。富山湾のキトキト、朝獲れの魚を参加者が銘々自分の好みに合わせて店頭で選び、好みの調理を注文するという贅沢な会席であった。

戦中戦後、少年のころに辛酸を舐めさせられ、日々の衣食住にこと欠いた苦難な時代では、想像もつかない幸せである。あれから七十年余、戦争で家族や親しい人たちと離れ離れになった強制疎開もなく、子どもたちも立派に自立している。十分とは言えないまでも日々の衣食住を心配する必要がない、恵まれた平和な時代を生きている。

唯一の不安は健康問題であるが、退職後学んだ生活習慣病予防の知識と実践、つまり「健康リテラシィ」を身につけたおかげで絶煙、断酒にも成功して、心身ともに軽症息災を維持している。情報疎外や情報トラブルに巻き込まれやすいシルバーを対象に、タブレットを賢く活用するシルバー情報サポーター会ＩＣＴ茶論「めだかの学校」を主宰している。「めだかの学校」では、タブレットに縁の薄いシルバー達の、会員同士が「誰が生徒か先生か式」にタブレットの使い方を相互学習している。動画編集など難しい点は、大学生のボランティア支援を受けている。日ごろはＴｗｉｔｔｅｒを使って、会員限定の生活情報のつぶやき交換や、離れて生活している子どもや孫たちと写真や動画配信を楽しんでいる。また年四回、春夏秋冬の季節に見合った課外交流会のイベントを行って、写真や動画編集の素材としてＩＣＴ茶論の教材としている。

また、私は県民カレッジで超高齢社会を生きる講座を担当しているほか、趣味の詩吟、俳句、篠笛など、体力に見合うグループ活動をストレスフリーに楽しんでいる。「今日用（教養）」と「今日行く（教育）」を大切にしつつ、個人的にも盛春を謳歌している。おひとりさま同士、気の合う素晴らしいパートナーにも恵まれ、平和な時代に生きる幸せを噛みしめながら、「元気に百歳」にチャレンジしている。

ハーモニーと激動のルフラン

喜田　祐三

（きた　ゆうぞう）
1939年生まれ、香川県高松市出身。
趣味は油絵、合唱、ゴルフ、創作料理、他。
2003年当クラブ入会。
スケッチサロン「あとりえ一丁」メンバー。
2015年から当クラブ代表。
妻、喜田志津も会員。

昭和十五年、私が一歳のとき、一家は東京から朝鮮（現韓国）慶尚南道晋州市に引っ越した。長兄、次兄を除く子供四人と両親の計六人である。長兄と次兄は東京音楽学校（現東京芸大）と東京農大の予科の学生だったので東京に残った。

昭和十九年、戦争は次第に激しさを増していたが朝鮮晋州ではまだ、毎日が静かでのどかな日々であった。父は晋州師範学校の音楽の教師、我が家の居間には時代の雰囲気にそぐわない黒い大きなピアノがあった。

私たちは父の指導で毎日、合唱を楽しんでいた。父がピアノを弾き、四人の子供が合唱するのである。色々な曲を歌ったはずだが、私の脳裏にはイギリス民謡『埴生の宿』一曲が強く印象に残っている。

歌には力がある。嬉しい時も悲しい時も歌を歌う。怒りの時も感謝の時も歌を歌う。歌は合唱の方がユニゾンより何倍も感情を込め、心の深みを表現できる。

「祐ちゃん、その音はもっと高い音だろう?」と兄がいう。

「こう?」と私が歌ってみる。

「祐ちゃんはメロディーだから、もっとしっかり歌わなきゃだめだよ」と兄たち。

「祐ちゃんの声は四人の中で一番きれいよ」と姉が私をかばってくれる。

「いいよ、僕たちがしっかりハモルから祐ちゃんは大きな声で歌ってね」と皆がいう。

「そうそう、四人とも、だんだんハーモニーがきれいになってきたな」と父がピアノを弾きながら、僕たちに向かって笑顔でいう。

姉は優しく、兄たちはいつも厳しかった。しかし、その厳しさは愛情に満ちたものだということを五歳の私も分かっていた。この兄弟姉妹の合唱はどんどん上達していった。

東京で音大生と農大生だった二人の兄は、昭和十八年と十九年にそれぞれ二十一歳と二十歳で学徒動員により召集された。

日本は翌年、昭和二十年八月十五日、天皇陛下による終戦詔勅で、戦争が終わった。父母は玉音放送を聴いてはげしく泣いた。私にはその理由がよく分からなかった。私たちは戦争の終わった年の暮れに、小さな引き揚げ船で冬の玄界灘を釜山から山口県仙崎へ渡り、そして、苦難の末に、両親の故郷・香川県にたどり着いた。

昭和二十一年春、まず次兄が海軍・横須賀基地から、また、翌二十二年夏、長兄が陸軍・北支から相次いで復員してきた。親子八人が七年ぶりに一緒になった。

戦後の苦しい時代、私たちは貧乏であったが、心だけはいつも暖かく豊かだった。父に教えてもらった合唱があったからだ。辛く苦しい時には歌を歌えば気持ちが楽になった。兄弟喧嘩をした時も歌を歌えばすぐに心が通じ合った。悲しい時には大声で歌って元気になった。歌には本当に力があると思った。

ラジオから『モンテンルパの夜は更けて』が流れ、「尋ね人」、「復員だより」、「引揚者の時間」に聞き入った時期が過ぎ、昭和三十一年、世の中が少しずつ、落ち着いてきた。『ビルマの竪琴』が映画化された。その中で兵士たちによって歌われた数多くの歌、水島上等兵を探すために歌ったあの『埴生の宿』を聴いて、感動した。涙が流れた。当時、十六歳になっていた私だが、幼少の晋州時代を思いだして泣いた。

あの日から、もう六十余年の歳月が流れて、今、私は七十八歳になった。振り返ってみると、私にとって音楽や合唱は、人生の宝物であったとしみじみ思う。大学時代、私は四年間、大学の混声合唱団で歌った。沢山の演奏会で歌った。就職して、職場に男性八人の合唱団を作り、猛練習をした。リタイアした後、私は懲りもせず、「シンガポール混声合唱団」というユニークな合唱団を創り、今も歌い続けている。

私は古い歌が好きだ。心に響く静かできれいな旋律の曲が好きだ。荘厳な宗教曲よりも、私たちの人生を映し出すような小さな地味な曲の方が好きだ。

六人の兄弟のうち長兄、次兄、三兄は既に天国に召された。今、姉（八十三歳）、四兄（八十一歳）と私（七十八歳）の三人だけになった。父に教えを受けた音楽や合唱のお陰で、私たち兄弟姉妹はいつも心にハーモニーを響かせながら、仲良く、生きてこられた。

両親に教わった私たちの生き方は、それぞれの子供たちに受け継がれ、繰り返されることだろう。私たちが生きてきた時代は、戦争という難しく苦しい時代であっただけに、今、心の鏡に映してみると、その生き方は光り輝き、価値あるものだったと思う。

岩谷時子が越路吹雪との人生を「愛と哀しみのルフラン」という言葉で表現したが、私は父母・兄弟姉妹との人生を「ハーモニーと激動のルフラン」と呼びたい。

わたしの心

酒井　千代子

（さかい　ちよこ）
年齢を意識しないで生きていきたいと思う。85歳。

素敵な方や慕われる方々にお会いすると、その方の行動や言葉は、なんと優しく自然で謙虚だなあと思います。

それは男性、女性、また年齢を問わず、その方が感謝を積み重ねて来られたものだと教えてもらいました。

私のまわりに、そのような方々が居られ、その優しさに感動する「悦び」を味わい、とても幸せを感じています。そのようになりたいという想いと、その心にふれることが今の自分の「ときめき」です。

私も、これから何事も感謝をもって、やさしくあたたかくなりたいという気持が湧き、今からでも自分が変わっていけるんだ、という「心の青春」を感じることが出来ました。老いてもまだまだ見習う心を持って、心に栄養をと日々「ときめき」を持っていけたら、どんなにか、うるわしい心もようでしょう。

年を重ねると経験や知識は増えるでしょうが、決めつけてしまう事も多くなりました。これからは何事も前向きに明るく、人に対して大きく受けとめる寛容な心になって、それを「生きがい」と感じていきたいものです。まわりの方にもっと温かく、次代の若い人達に伝えていけますよう、日常の心の持ち方に気をつけてまいります。

ドイツの作家、ヘルマン・ヘッセは、

「人は成熟するにつれて　若くなる」

詩人、サミエル・ウルマンは、

「青春とは　人の人生のある時期ではなく　心の持ち方を言う　年を重ねるだけで人は老いない　理想を失うとき初めて老いる」と言っています。

今、生かされている喜びと、この時を大切にして、心の幸せをアンチエージングで頑張っていこうと思います。

ときめき　天・地・人

丸山　泰世

（まるやま　たいせい）
富山市生まれ、鎌倉市在住。
鎌倉ユネスコ協会理事。
趣味は能の仕舞、カラオケ、旅行と軽登山。

一　天の巻

突然テレビの画面に、天空での「はやぶさ」の太陽系小惑星「イトカワ」から地球への帰還画面が写った。「イトカワ」はロケットの父、糸川英夫博士にちなむ名前の小惑星だ。「はやぶさ」は可哀相なやつだ。地球と「イトカワ」を往復しながら最後には、本体に付属した「イトカワ」の試料の入ったカプセルを切り離して地球に届ける手はずを終えた後、自らは地球の大気圏突入時に燃え尽きる運命を負わされていたのだ。

画面左側から右へ閃光が走ったとみるや、その後ろを小さな玉が追う。その距離はだんだんと離れていく。玉と見えたのは「はやぶさ」から切り離された円盤状カプセルだ。そして、任務を果たし大気圏に突入した「はやぶさ」はさよならをするように、輝くばかりの閃光に包まれながら消え去った。一瞬、感極まり「ときめき」が体を突き抜けた。

耐熱処理されたカプセルは、大気圏突入の灼熱にも耐えオーストラリアのウーメラ砂漠に予定どおり無事パラシュートを開き着地していた。もし、カプセルがコントロールされずに太平洋に突入していたら回収不能で、すべての情報・試料は無くなっていたであろう。「はやぶさ」は、二〇〇三年五月に打ち上げられ、復路では燃料漏れが生じたり、一時は居場所がわからなくなったり、イオンエンジンが故障したりしながら、これらの難所をなんとか切り抜け、二〇一〇年六月十三日に大切なカプセルを地球に届けたのだった。

そして後継機「はやぶさ2」が二〇一四年十二月三日に種子島宇宙センターから打ち上げられ、小惑星「リュウグウ」に向かい、直近のＪＡＸＡ発表のニュースでは今年六月二十七日「リュウグウ」に到着し、活動を始めた。

「イトカワ」も「リュウグウ」も我ら太陽系の火星と木星の間の小惑星帯にある約一万個の小惑星の中の一つで、いずれも円形ではないが直径もおおよそ三百メートル位のものだ。

地球から三億キロメートル先の遠くの小惑星に何故探査に行くのか？　それは、小惑星の構成物質が同じ太陽系惑星同士の地球と似ているからだ。太陽系と地球の誕生の秘密を解き明かすには、構成物質むき出しの小惑星の試料を持ち帰るのがいいわけだ。

二　地の巻

「地」ではやはり山岳だ。標高八八三四メートルのエベレストを目の前に望めるホテル。ネパールの首都カトマンズから途中ルクラまで軽飛行機で飛び、そこからエベレスト登山隊などが通る登山路、エベレスト街道を二日歩いたナムチェバザール村の丘の上にあるのが、ホテル・エベレストビュー。二階のテラスからはコーヒーを飲みながらエベレストを望めるし、部屋によっては窓からもエベレストビューだ。

ここから先はしばらく登山路が続くが、その先は本格的なエベレストへの登山ルートだ。着いた翌日の朝は快晴で、エベレストが朝日に輝いていた。正に「ときめき！」のとき。しかし、どうも少し頭痛がして体調が良くない。最初はカトマンズで飲んだ、氷の入ったジュースにあたったのかと思っていたが、一気に四千メートル近くまで来たので、高山病のせいだったらしい。

快晴に恵まれ、同行パーティは近隣のトレッキングに出かけることになった。しかし私は体調が戻らないので、周りの山々を圧倒してそびえるエベレストを一日中、見据えて過ごすことにした。時間が経つにつれ体調も次第に回復していった。今思うと、この日は我が人生でも最高の一日だったたと思う。その時の目的はエベレストを目前に見るところまでの到達だったので、翌日は何度も振り返りながらの下山となった。

三　人の巻

「人」は京都北山の懐石料理のお店「乃し」のご主人、矢口守良さん。

お店は植物園が近い地下鉄北山駅から三分くらいの住宅街の中の静かな一角、打ち水のされた路地の先に玄関がある。

矢口さんは和歌山県出身で、高級料亭「鳥居本」で長年腕を磨き、約二十年前に独立して京都新大宮商店街で「乃し」を開店した。十七年くらい前だったろうか、知人に教えてもらって新大宮の店に寄らせていただき、確かな目で選ばれた新鮮な魚介と野菜に、丁寧に手を加えられた料理に「ときめき」を覚えた。帰りには近くのバス停まで御夫妻で送っていただいたのを懐かしく思い出す。

そして、十三年前に北山に今の店を開かれてからも、京都・関西方面に出向く折に伺う。懐石といっても華美に走らず奇をてらわず、さりげなく遊び心を加えた絶妙な塩梅を、我がふるさとの清酒「立山」とともに楽しませてもらっている。

モロッコ・サハラ砂漠最高！

太田　颯衣

（おおた　さつえ）
神戸育ち、東京目黒区在住。
残された人生を奉仕活動、旅行、ゴルフ、長唄に専念。
長年東京兵庫県人会の幹事長、そして、2017年より県主催の「出会いサポート」と「カムバックひょうご」東京センター長。

「ふぁ～、良い気分！」と我が家の温かいお風呂にたっぷり浸かり、幸せ気分を満喫している自分がいます。海外から帰国し、一番うれしいのが、空港に到着して一番に行くウォシュレット・トイレとお風呂です。特に水の事情の悪い地域に行った後はなおさらです。

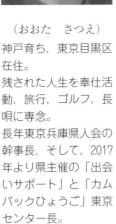

六月六日から十五日まで、十日間のモロッコツアーに参加しました。モロッコの七つの世界遺産を訪ねるバスによる駆け足ツアーです。

成田からドバイまで、約十一時間、乗り継ぎ時間が長く、その後ドバイからカサブランカまで八時間以上要しました。空港からバスに乗り、カサブランカ市内のハッサン二世のモスクに寄っただけで、首都ラバトに到着。ちょこちょこと市内観光し、そのまま五時間バスに乗りっぱなしで、やっと夜遅く「青の街シャウエン」に到着。これは今年喜寿を迎える私には、本当にきつい旅程でした。泥縄太田の悪いくせが、またもや出ました。事前にもっと旅程の詳細を調べようと、第一日目から友人と大反省！

「青の街シャウエン」までの道中は緑も豊かで、ずいぶんたくさんの羊の群れを見かけました。驚いたことは、小さな子どもたちが何十頭もの羊を世話していることでした。（学校に行かないのかしら？）と不思議に思い調べましたら、やはり農村部では就学率が非常に低いとのことでした。ただ、家族が集まっているような時は、とても幸せそうでした。幸せとは？　を考えさせられた一面でした。

窓外に時々見えるロバ！　日本では動物園ぐらいでしか見ません。あの小さな体に山のような収穫物、そのうえに、家族二〜三人が乗っていることもあります。見れば見るほど悲哀を帯びた顔をしています。バスなので、思ったような写真が撮れないのが残念でしたが、帰国後、早速「ロバ」についても調べてみたら、馬はハーレムを作り集団で行動するが、ロバは頑固で単独行動をしがちだ、とありました。小型ながら強く、餌も少なくて済み、長生き（三十歳）なので、古来より家畜に適しているとのこと。納得です。

今回のハイライトは、ラクダに乗ってのサハラ砂漠ツアーです。午前三時半にホテルを出発し、サハラ砂漠シェビ大砂丘へ出発です。四輪駆動車に四十分ほど乗ります。空は見事な星と天の川、生まれて初めての天の川に先ず大感激！

いよいよ砂漠に出ます。初めてのラクダです。

最初に後ろ足から立つので、私の体は前にかがみ、その後、前足で立つ時に体を後にそらします。乗り心地は悪くありません。四〜五頭が綱で繋がれ、ラクダ遣いのお兄さんに先導されて砂丘を進んでいきます。

ゆらりゆらりと揺られながら、慣れてくると片手を放し、写真が撮れるようになってきます。自分のラクダの顔は見えませんが、後ろのラクダが私の腰の辺りに顔を近づけてきます。何ともかわいい顔です。お尻が痛くなってきたころに降り、小高い丘に登ります。ずずずっと足が砂に食い込んで、一歩進んで二歩後退という感じです。ラクダ遣いの青年

ラクダ遣いの青年と

サハラのラクダたち

が手をかしてくれて、やっと登ることができました。ちょうど朝日が顔を見せます。美しいというか神々しい！　本当に来て良かったと思えた瞬間、いつまでも心に残る景観です。

次に驚いたことは地層です。アトラス山脈越えの時には、これぞ断崖絶壁というようなシーンに何度も出会いました。断層ぎりぎりの所をバスが通ります。日本の岩場によくあるような「落石注意」などというサインや「落石防止」は無く、また、岩質も柔らかく、今にも落ちてきそうで、ひやひやしながらのドライブでした。本当に圧倒されました。

食事はあっさり系で、野菜とチキンが圧倒的に多いです。タジン料理が多く、鳥団子、魚、牛肉、茄子など、スパイスが効いているので、食欲はあまりわきませんでした。美味しいのですが、飽きたというのが正直なところです。

トイレ事情は悪く、カフェなどでは使用料はかならず一～二ディルハム払います。空港で両替しても一ディルハム（十三円）のような小銭はくれませんので、最初は苦労しました。そのうえ、トイレットペーパーの無い所も多いので、ティッシュペーパーをたくさん持参しなければなりません。

ホテルも不備がいろいろありますが、サハラ砂漠のラクダツアーで全て帳消しです。楽しい旅行でした。

シニア留学

（おくだ　かずみ）
東京都渋谷区在住。
「元気に百歳」クラブ創始からの会員で、会員対応チーム会計係。
ビール大好き人間。
飲み会の注文係。

奥田　和美

海外留学とは、学生の時にするものだと思っていた。学生の頃は留学したくてもお金はないし、夢のまた夢とあきらめていた。ところが五十八歳の時「シニア留学」の話を聞いた。留学専門の旅行会社の説明では、年齢に関係なくホームステイしながら語学が学べるというのだ。短期間でもよい。私の胸はときめいた。今ならできる。

私は娘と二人暮らしだ。貯金は少しある。一か月ぐらいなら娘も賛成してくれる。早速ニュージーランドの北島にあるロトルアに二十六日間の留学を決めた。

ロトルアは温泉があって別府と姉妹都市である。あちらこちらで湯気が立ち上っていた。

ホームステイ先は同年代の夫婦で、ピーター・ルイスさんとジュディスさんだ。二人の息子はすでに結婚していて、隣町と近所に住んでいる。すでに何人もの留学生を受け入れていた。ピーターはもと高校の先生で、日本について難しい質問をしてくる。太い低い声でなまりがあり、聞き取りにくかった。質問にはうまく答えられなかったが、私の言っていることはわかってくれた。アニメの「トトロ」によく似ていた。ジュディスは高校で事務の仕事をしていた。料理が上手で毎朝私にサンドイッチをランチに持たせてくれた。一緒に行った日本人留学生は私を含めて五人で、それぞれ異なった家にホームステイした。私のほかはランチは学校の売店でカップラーメンかパンを買っていた。

学校はRELA（Rotorua English Language Academy）語学学校に通う。片道徒歩四十分を毎日通った。バスを利用すればよいのだが、英語に自信がなかったし、相手の言って

いることがよくわからない。東京にいたら片道四十分はとても通わない。歩いているといろいろなものが見える。ロトルアの五月は夏から秋に変わる時期だ。それぞれの家には広い庭があり紅葉が始まっていた。とんがり屋根の建物も素敵だ。小学生が横断歩道を渡るとき、日本では緑のおばさんが旗をもって子供たちを渡らせるのだが、上級生が大きな丸いボードをもって下級生を見守り渡らせていた。

RELAでは毎週月曜日にクラス分けがあり、私は中級に入った。午前中は英語の勉強をする。午後は希望で色々な体験をする。温泉に行ったり、乗馬をしたり、動物園や森にハイキング。休日にはバス旅行で土蛍の洞窟へ行った。金曜日はお別れ会があり、留学を終えて帰国する人にサヨナラをする。一週間で帰る人もいれば、何年も滞在する大学生もいる。年齢も国もいろいろで初体験ばかりだった。

ルイス夫妻は友人宅のパーティに連れていってく

れた。皆私を優しく迎え入れてくれる。外国人に慣れている。

帰り道、夜空を見上げると、星が手の届きそうなところにあった。南十字星がどこかと聞いたが、星が多すぎてわからなかった。週末はスーパーマーケットや朝市に行った。

ニュージーランドは日本と同じ交通規則なので、もしかして運転ができると思い国際免許証を持っていった。ここは中古の日本車が多い。車の生産工場がないから輸入車ばかりだ。ルイス家にもオートマチックの小型の日本車があった。もうすぐ帰国するとき、タウポ湖にドライブに連れていってくれるという。友人も一緒にどうぞというので、その家に迎えに行かせてくれと頼んだ。ほんの五分ほどの距離だ。一人で運転していった。ジュディスはロータリーはこうやって行きなさいと教えてくれた。よく許してくれたものだ。運転はそれ一回だけだったが大満足だった。

タウポ湖の湖畔で優しい陽を浴びながら、ジュディス特製のランチをいただいた。自慢のバナナケーキは美味しかった。売り出しの別荘のモデルハウスを見学した。とても買えそうもない高級物件だ。ツアーでは味わえない経験をたくさんした。

RELAの校長先生が「この学校の留学生の最高齢は八十歳です。それも日本女性です」と言った。ようし、まだまだ行ける。

狩勝峠

（つつい　りゅういち）
1941年東京都生まれ、練馬区大泉学園町在住。好奇心が失せず、趣味は、旅、ゴルフ、音楽、絵画、料理、野菜作りなど。「元気に百歳」クラブでは、エッセイ、ゴルフ、スケッチのサロンに参加。

筒井　隆一

あえぎながら列車が峠を越えた。石狩側から登り詰め、十勝に下る線路の両側は、まだ深い雪に覆われている。

五十数年前、新入社員の私は、東京の本社で一か月の研修を終えると、北海道支店勤務を命じられた。五月の連休明けには、札幌で支店長から辞令をもらい、遠隔の地、十勝の建設所に着任した。それが最初の狩勝峠越えとなった。

当時の国鉄根室本線は、狩勝峠の前後に、急勾配、急曲線が連続する鉄道の難所だった。それを解消する目的で、峠直下に約六千メートルの隧道を新設する工事が進められていた。

隧道までのアプローチを、緩やかな勾配と曲線にし、列車のスピードアップを図る関連工事を、ゼネコン各社が工区を分けて施工していた。その一つの工区に配属され、工事最盛期の一年間を、この山奥の建設所で過ごした。土日も休み無しの、超突貫現場だった。

それから十年経った。四年間の研修期間を北海道で過ごし、東京に戻って都市土木の大型工事に従事していた私も、結婚することになる。相手は、建設業とは全く関わりのない家に育った娘だ。縁あって土建屋と結婚するのだから、新婚旅行は私の携わった十勝の現場を見に行こう、という話になった。

建設当時に、現場で苦労を共にした仲間が札幌で待ち構え、盛大な祝宴を段取りしてくれていた。元々人並み以上の酒好きに加え、なつかしい仲間と会えた嬉しさで、二次会、三次会まで付き合い、腰の抜けるほど飲みまくった。そしてそのままダウン。酔いつぶれた亭主を見て、新婚の嫁さんは、さぞびっくりしただろう。

翌日は二日酔いでフラフラしながら、帯広行きの列車で思い出の現場に向かった。二回目の狩勝峠越えである。列車は新狩勝隧道を抜け、十勝平野の雄大な広がりを前に、緩いカーブを描き、私たちの施工した新しい路線をスムーズに下っていく。険しかった旧路線とは大違いだ。

帯広に到着する直前に、当時の仕事仲間の一人が、偶然同じ列車に乗り合わせているのに気付いた。その男が、自分にもお祝いさせてくれ、と言い出した。帯広で列車を降りると飲み屋に直行し、この夜もどんちゃん騒ぎ。家内にとっては、重ね重ねの、とんでもない新婚旅行だったろう。

新婚旅行のリベンジ、家内に対する罪滅ぼしの意味も込めて、三回目の狩勝峠越えを、大分前から考えていた。それがやっと実現することになる。

今回は、列車で通過するだけではなく、線路に沿って歩き、私たちの施工した現場を、地上からもしっかり見ることにした。

帯広空港に、手配したレンタカーが待っていた。当時は計画のあることも知らなかったハイウェイが、鉄道路線にほぼ並行して走っている。車を走らせること一時間で、工事事務所、職員宿舎のあった新得（しんとく）の街に入った。すっかり様変わりした街並み、そこを抜け山に向かう。昔の農道、工事用道路を、おぼろげに思い出し、それを辿りながら新しい路線に沿って車を走らせる。

なつかしの現場は、今どうなっているのだろう。私を半世紀前に、すんなり引き戻してくれるだろうか。胸が高鳴り、心がときめく。

建設当時はコンクリートがむき出しだった橋脚、土留め壁、カルバート等の構造物も、五十年以上経って、周辺の森、林、草原にとけ込み、そして水にも土にも、しっかりなじんでいる。しかも、なお厳然たる存在感を見せつけていた。

「素晴らしいわ」

「うん」

私は言葉に詰まり、不覚にも涙がこぼれた。

東京生まれ、東京育ちの新入社員が、いきなり北海道の山奥の現場に配属され、無我夢中で建設工事に従事した当時の思い出が、頭をよぎる。

帯広に戻り、その夜は家内と二人で郷土料理を楽しんだ。建設当時の思い出と、今日の強烈な印象とを重ね合わせながら、ゆっくり酒を飲んだ。結婚四十五年目で新婚旅行をやり直し、家内に少しばかり償いをした気分だった。

翌朝、帯広から新得経由で富良野に向かった。たった一両編成のディーゼルカーの車窓から、昨日歩き回った思い出の工区を眺め、峠を越えた。

「子供たちに誇れるしごとを」を企業イメージに掲げ、日夜頑張っている後輩たちの活躍を願った。

ときめきの海外旅

井上　清彦

（いのうえ　きよひこ）
生まれも育ちも今も東京・杉並。元気なうちにと、妻と内外の旅を楽しむ。
４年前「元気に百歳」クラブに入会後「始める人」に変身。俳句、水彩画、エッセイに挑戦中。
「夢追い人通信」の発信も５年目に入りました。

ジュネーブのホテルの部屋で、私は妻を強く抱きしめた。四十二年前の六月三日のことだった。妻子を日本に残し、私はベルギー・ブリュッセルで研修中だった。欧州を巡るツアーでジュネーブに着いた妻と五か月振りの再会を果たした。

ツアー同行を許されて、翌日から観光が始まり、モンブラン、ユングフラウなど、三泊四日のスイス・アルプスの旅を共にすることができた。そして別れの時がきた。インターラーケン・オスト駅で、妻はツアーを続け、私は、国際会議の待つジュネーブに戻る。妻は涙し、私も胸にこみ上げるものがあった。

当時私は三十四歳だった。妻と一緒の最初の海外旅で、深く心に刻まれている。仕事は忙しく、休暇は夏だけしか取れなかった。スイス旅行のあと、なかなか海外旅行のチャンスがなかった。一人息子が中高一貫教育校に受かり、高校受験のない中学三年生の夏休みに、ひと月間、アメリカ・オレゴン州の酪農家にホームステイをさせた。この機会に、オレゴンの北にあるカナダを選んで、妻とカナディアンロッキーの勇姿を目前にして、久しぶりの海外旅を味わった。

五十代半ばになると職場でリストラが始まり、出向者が出始めた。雰囲気も悪くなってきた。どうとでもなれの気分で、北欧旅行を敢行した。

成田からヘルシンキに着くと、それまでの荒天が素晴らしい天気に変わり、風光明媚な北欧四か国を回って、二人とも、すっかり北欧ファンになってしまった。

翌年も、勤続三十年の休暇と祝い金がでたので、躊躇なく夏のイギリス一周ツアーに出かけた。湖水地方の穏やかな草原地帯が、スコットランドに入ると荒涼とした景色に変わり、風土の変化を感じた旅だった。

五十八歳の時、わずか三人の小さな団体に出向し、六十歳定年を経て、六十七歳まで勤めた。実務は私一人でやらなければならず、海外旅行どころではなかった。

どうして海外に惹かれるのか。

ひとつには、生まれてから、幼い頃、佐渡に戦時疎開した時と、半年間の海外研修以外、海外勤務はおろか地方勤務もなく、東京・杉並の現住所にずっと住み続けていることが挙げられる。小さい頃、田舎に出かける仲間を見ながら、うらやましく思った。私は、物心ついた時には、既に祖父母は他界し、帰るべき田舎はなかった。故郷喪失とはオーバーだが、小さい頃から自分の故郷はどこかと、追い求めてきた気がする。美しい風景に接すると「故郷に帰ったような心の安らぎ」を覚えた。そうした環境から、住んでいるところ以外の場所、とりわけまだ見ぬ国々への関心が強かった。

二番目には、地図・地理が好きなことだ。子供の頃から地図が大好きで、家にあった戦前の地図を飽かずに眺めていた。中学校では、地理の授業が大好きで、先生が問題を出すと、ほとんど私が手を上げて答えていた。級友からは嫌な奴だと思われていたかもしれない。地図帳もよく買い求めた。「帝国書院」の地図帳がお気に入りだった。

大学の受験も、「人文地理」を受験科目に選択した。模擬試験でもこの科目だけが成績が良かった。海外旅行先でも、必ず「道路地図」を買い求めて、バスの中で、地図を広げて、今どこを走っているのか、購入した地図に通過点にマーカーで色を塗って追っている。

三番目は、非日常の魅力だ。最近よく感じるのだが、海外に出ると、テレビを見たり、パソコンを開いている時間がないし、見る気にもならない。日常では考えられない、この情報遮断の時間が貴重だ。ただ旅にだけ専念できる、国内旅行では、こうはいかない。

結婚後、旅行が二人の共通の趣味となった。日帰りのバス旅行で行けるところは殆ど行った。北は北海道から南は沖縄諸島まで、各地を旅してきた。旅行も国内より、海外の方が往復に時間が掛かるし、時差もあるしいろいろ面倒だが、未知数の魅力には勝てない。

四十三年間の仕事を終えた六十七歳の時、やっと海外旅行を再開できた。訪問先は、中欧五か国を選んだ。夕焼けのドナウ川クルーズ、自由時間で歩き回ったプラハ旧市街が印象に残っている。その後は年二回ほど、夫婦で海外ツアーに出かけている。

母は、東日本大震災の二か月前に亡くなったが、最後に「楽しむのよ」と私に言い残してくれた。言われてすぐには、その言葉の意味をよく理解していなかった。その後、思い起こすと、我々夫婦がしばらく海外旅行をしていないと、母が「どうして行かないの」と問う。こちらとしては、母の体調が、いまいちだったので控えていたのだ。そうは言えずに「そのうちにね」と答えたことを思い出す。こちらの海外旅行好きを分かってくれていたのだと感じた。今は、天国にいる母に「旅を二人して楽しんでいますよ」と言葉をかけたい気持ちだ。

旅行の準備も帰国後の整理もルーティン化してきた。出発前は、できるだけ旅行説明会に参加し、図書館でガイドブックを借りコピーして持参する。テレビの旅番組は欠かさず見るが、特に、行き先の放映があればなおさらだ。ツアー旅行であっても、頭を使うし、認知症予防にも役立つ。私は、帰国後、旅の記録を写真日記『夢追い人通信』にまとめ、電子メールで知り合いにお送りしている。これが幸い好評で、一緒に旅をしている気分になれる、との感想が寄せられる。先日、ポルトガルに出かける知人に、ポルトガル旅日記をお送りしたら、とても参考になると喜ばれた。

夫婦で海外旅行ツアーを楽しむには、共に元気でないと出来ない。現在、私は七十六歳、妻は七十一歳だ。申し込んでも本当に行けるのか不安になる。ところが、キャンセル料が発生する一か月前を切ると、覚悟が出来て海外モードに切り替わる。毎回この繰り返しだ。

女性は、友達と一緒に行くケースが多いと聞くが、我が家は夫婦だ。妻は、自分の思う通りにならないと気がすまないタイプで、「あなたと一緒の旅だと気を使わなくて済むわ」と私を選んでくれる。

二人は、家では同じ居間で顔を突き合わせ、喧嘩をよくするが、旅先ではお互い助け合っている。サンクトペテルブルク空港の手荷物検査の時に、危うくパスポートを紛失しそうになったり、モスクワのホテルのロビーで置き引き被害にあったり、モンブランのケーブルカー乗換駅の台地に、デイバックを忘れて取りに戻ったりと、いろいろトラブルがあったが、助け合いながら乗り切ってきた。

お互い趣味嗜好が似ていて、都会歩きより山や湖が好きな自然派で、行き先を決めるのも容易だ。妻は、これまでの旅行の中で、一番良かったのは、「南部アフリカ四か国よ」と言い、私は「ネパール」を挙げる。

未知なる国への「好奇心」と「体力」と「気力」があるうちは、海外への旅を続けたいと思っている。四月に、モロッコへ十二日間の旅をしてきたが、私の「体力」が低下気味で、よぼよぼ歩きなのを気遣って、妻は「あなた大丈夫、鍛えなきゃダメよ」と叱咤激励する。衰えてきた体力を「好奇心」と「気力」でなんとか補っている。

モロッコツアーで男性では私が最年長だった。いつまで、遠くに出かけられるかわからないが、二人して案内書や地図を眺めて、まだ見ぬ地に、「ときめき」を感じている。

特急「しなの七号」

林　荘八郎

（はやし　そうはちろう）
1939年名古屋市生まれ。横浜市金沢八景在住。
海辺の暮しが好き。今の楽しみは、花壇の手入れと浜辺の散歩。出版編集チーム、パソコンサロン「クリック」、エッセイ教室のメンバー。

三月中旬に、長男一家が住む直江津を目指し、名古屋から中央線に乗車し、長野に向かった。伊勢神宮に参拝した翌日、帰路に足を延ばしたのである。

特急「しなの」は、木曽川の上流を目指して走る。多治見を過ぎると、間もなくポッンと雪山が一つ見えた。近くの山に遮られ、隠れたり現れたりするが、その山容は青い空に映えて美しい。

高所の山並みが左右から木曽川を挟み込む。狭くなった川沿いに、鉄道と道路が並んで走る。鉄橋を渡るたびに、川が車窓の右へ左へと移る。そして路は次第に細くなっていく。

ゆれる列車に身をゆだねて、飽きずに景色を眺め続ける。山のふもとの街道沿いに並ぶ黒い屋根の古い家、赤いトタン屋根の農作業用のような納屋が日差しを浴びている。新幹線に比べゆっくり走るおかげで、線路わきの野草まで目に入るのがいい。日本の風景も捨てたものではないと思う。

わたしは中学・高校時代を名古屋で過ごした。登山やキャンプ、スキーに出かけるのは長野方面が多かったので、中央線を良く利用したものだ。久しぶりの乗車なので、その頃のことを次々と思い出す。

木曽福島駅を過ぎると、木曽川が一段と細くなり、水が澄んできた。まもなく分水嶺の筈だ。トンネルを抜けると、案の定、川の水の流れの向きが変わっていた。峠を越えたのだ。すると景色が一変し、遠くに北アルプスが姿を現す。

特急「しなの」は、塩尻駅で東京方面からのわずかな乗り換え客を拾って松本へ向かう。北アルプスを望む壮大な景色が進行方向の左側に一段と広がった。一瞬、厳かな静寂が漂う気がした。濃い紺色の空を切り裂くような山頂の真っ白な雪、雲の下に拡がる黒い山。あいにく山々の稜線の多くが雲に隠れているため、雪を頂いた山頂がところどころに見えるだけだ。

「あれは乗鞍かな。もう一つは穂高かな」

もし全山が晴れていたら、どんなにか素晴らしい屏風絵になったことだろう。尾根のわずかな部分が見えるだけでは、わたしにはそれぞれの山名を判別できない。しかし山々は美しく、そして冷たく聳えている。

列車は松本から篠ノ井線に入り長野に向かう。再び登り続ける。「姨捨（うばすて）駅」を過ぎるとゆっくりと下り始める。目の前には広大な善光寺平が広がる。千曲川の流域だ。この眺望が、ＪＲの日本三大車窓の一つとされていることを後で知った。そこには雪はもう無い。

ぶどう棚、桃畑が暖かい陽を浴びている。田んぼは間もなく耕され、田植えが始まるのだろう。近くの山は稜線が黒ずんでいて、まるで淡い水墨画のようだ。

車内では読書もせず居眠りもせず、窓の外に目をやり、物思いにふけってきた。伊勢神宮の話は一切口にせず、二人はお互いに車窓に心を奪われている。隣に座る妻も、次々と移り変わる景色を眺めて、自分の世界に浸り、懐かしい思い出に酔っていたのだろう。いつもと違って口数が少ない。

「あそこに『くるまや』が見えますよ」

木曽福島駅では、名古屋の人たちに人気がある蕎麦屋を見つけ、妻が教えてくれる。二十年ほど前に、その店に寄るため中央道をわざわざ降り、旧道伝いに走って、立ち寄ったことがあった。たしかにあの蕎麦は美味しかった。

細くなった木曽川を眺めては、群馬の山奥でイワナを追って渓流をさかのぼったことまでも思い出した。あのときは、十匹も釣れて楽しかった。


車掌は、長野到着に備え、忘れ物の注意、乗り換えの列車案内を始めた。

今回は、あっという間の三時間だった。

思えば今までは先を急ぐ旅が多かった。飛行機や新幹線という早い乗り物を利用して、より遠くへ出かけようとする旅が多かった。

ローカル線はのどかだ。これからは、近くの名所に目を向けて、道中を楽しみながら、できれば途中下車して、もっとゆっくり旅をしてみよう。

十時に名古屋を発った「しなの七号」は、午後一時に長野に着いた。

恐怖の一人旅

武智　康子

（たけち　やすこ）
福岡市生まれ、現在練馬区在住。
「元気に百歳」クラブでは、スケッチ、エッセイ、日だまりなどのサロンに参加。
趣味は、旅行、絵画、音楽、ゴルフ、テニスなど。日本語教育学会員とスポーツ指導員は本年三月にリタイヤ。

二〇〇一年七月、私は学会で講演する主人に同道して、マドリッドに滞在していた。学会終了後の十四日、私は、仕事でスペイン北部の鉄鋼会社に行く主人と、マドリッド空港で別れて、一人でパリ経由で帰国の途についた。

ただ、それは私にとって、初めての海外旅行の一人旅だった。パリでの乗り換えもあり内心は、不安がいっぱいだった。

予定のエアフランス機に無事、搭乗できたものの、出発時刻を過ぎても一向に飛び立つ気配がない。パリでの乗り継ぎ時間のこともあり、私は不安になってスチュワーデスに聞

いた。すると彼女は、

「時間が来ても、搭乗していない人の荷物を降ろしているところです」と言う。

よくあることなので、その時は、さほど驚かなかった。

しかし、これが恐怖の前ぶれだった。

私が乗った飛行機は、約五十分ほど遅れて出発し、二時間後には、無事にパリのシャルルドゴール空港に到着した。

トランジットの時間は、充分にあったので、一応ホッとした。大きなトランクはスルーにしていたので、機内持込みの小さなピギーを引いて、乗り継ぎのＪＡＬのカウンターに行った。東京行の手続きが済むと、ＪＡＬの制服を着たフランス人の女性が「どうぞ、こちらへ」と案内してくれた。私は不思議に思ったが、彼女の後に続いた。

案内された先は、ビジネスラウンジの特別室だった。私は、驚いて怪訝な顔をしていると、彼女は、私の一人旅を心配した主人が、事前に特別室に予約を入れてくれたと、明かしてくれた。私は主人の気持に感謝しながら、一休みすると、まだ時間に余裕があるのをみて、ラウンジに居た彼女にピギーを預けて、免税店に出かけた。

あるフランス刺繍の専門店に入った。その時である。

広い空港に、けたたましいサイレンと早口での放送が響き渡った。何だか意味はわからなかったが、その様子から緊急事態が起きたことは、私にも理解できた。

私は、慌ててピギーを引き取るために、ラウンジに向かった。が、そこにはすでに警官がロープを張っていて「逃げろ」と指図する。私は、ピギーを諦めざるを得なかった。

その中には、昨日マドリッドの市内で買ったリアドロの人形が入っているのだ。だがそんなことは言っていられない。私はとっさに、肩にかけていたバッグだけを持って、他の客達の後を追って、ラウンジとは反対の方向に逃げた。

それから十分ほど経っただろうか、先ほどまで私が居たラウンジの方角の外から、大きな爆発音が聞こえ、一瞬、建物が大きく揺れた。生きた心地がしなかった。

気がつくと、隣にいた黒人女性と手を握り合っていた。肌は黒いが手の平は白い。ちょっとばかり違和感はあるが、同じ人間の手だ。その時、私は「人は皆同じで、必ず通じ合うものがあるのだ」と心に強く感じた。

三十分程経って、やっと緊急事態は解除された。

その解除の放送の直後に、広い空港の館内に、私の名前が響いた。私は、急いで指定された場所に走った。

そこには、チェックインの時に、私をラウンジに案内してくれたフランス人のＪＡＬの女性の姿があった。彼女は、私のピギーを大事そうに持って待っていてくれた。

彼女は、あの緊急事態の中、私のピギーを持って逃げてくれたのだった。

私は驚きで言葉が出なかった。一度は諦めたピギーが、今、私の眼の前にある。リアドロの人形も戻ってきた。こんなに嬉しいことはない。私は、彼女の手を両手で包んで「ありがとう」を繰り返した。そして持ち合わせていた、京都の舞妓さんの絵が描かれている縮緬の風呂敷を、感謝の気持を込めて渡した。

彼女も、喜んで受け取ってくれた。

彼女の話によると、不審物は私が居たラウンジにあったそうで、私が買物に出た直後に発見されたという。そして、ビルの外に運び出されて、爆破されたそうだ。

その日は、七月十四日。パリ祭の日である。

マドリッドの空港といい、パリの空港といい、大勢を狙った民族テロだったのだろうか。

彼女にとっては、仕事の一部だったかもしれないが、私は、買物に出かけた「運」も味方してくれて、何事もなかったように東京行のＪＡＬ便に搭乗して、帰国の途に就くことができた。そして、翌日の昼に私の一人旅は、無事に終わった。

死もまた生の始まり ⒂
―スリランカに寄せて―

向野　幾世

（こうの　いくよ）
香川県生まれ、奈良市在住。
NPO「かかしの会」理事長。障害児教育一筋。著書に『お母さん僕が生まれてごめんなさい』、『いいんですか車椅子の花嫁でも』がある。

はじめに

「ぎょくおんほうそう」という言葉が村をかけめぐったあの夏。昭和二十年八月十五日正午。疎開していた祖父母の家の前庭に五十人程の村人が集まっていただろうか。小学校四年生の私もその中の一人だった。ノイズが多く、難しい言葉が続くラジオを、全員が一心に見つめていた。それが「玉音放送」天皇陛下のお声で、日本が戦争に負けたこと、そして戦争が終わったことを告げるものであったと後に知った。

戦争については、今も知らないことが多い。

ある本との出会い

最近テレビで『火垂《ほた》るの墓』を見た孫が、「おばあちゃん、戦争のこと教えて」と言う。知らないわけではない。でも「何を」「どこから」「どう」話せばいいのかわからない。もっと知りたいのは私の方である。そんな折、『敗戦後の日本を慈悲と勇気で支えた人……スリランカのジャヤワルダナ大統領』という本に出会った。敗戦は大きな悲しみと被害、混乱に人々をおとしこんだ。幼ない私にも貧乏とひもじさはつきまとっていた。が、根っこの所で人々は力を失ってはいなかったのか。復興への希望と新しい国づくりへの夢をもっていたことにも気づく。その希望と新しい国づくりを支えてくれた人がいたとは。

スリランカのジャヤワルダナ大統領

あの「終戦の勅語」から六年目、ようやく平和国家として生きることを認めてもらう日が来た。サンフランシスコ講和会議である。この本の題名になった人は、この会議の冒頭に登場する。当時セイロン（スリランカ）という小さな島の若き代表者、ジャヤワルダナ氏の放った演説がある。

そこで、彼は敗戦国日本への賠償金請求権を放棄すると宣告したのだ。加えて、取り沙汰されていた「日本分割案」もきっぱりと退けたのだった。その演説を貫いたものは、「憎しみは憎しみによって消えさるものではなく、ただ愛によって消えるものである」という佛陀の慈悲の心であった。講和会議は、この毅然として気高く寛大な講演に心打たれた。講和会議を終えて、日本は独立した自由な国の第一歩を踏み出したのだった。ジャヤワルダナさん、私はあなたのことをこの本に出会うまで知りませんでした。

一九七八年、ジャヤワルダナはスリランカの大統領になっている。

スリランカへの旅

偶然というのは恐ろしい。一九七八年、私たち一家は南インドを経てスリランカに海外旅行をしている。中学生の長男、小学生の次男をつれての最初にして最後の海外旅行である。その頃、暮らしはたしかに楽になって来ていた。新築した家の支払いも終え、共働きの慌しさも少し落ちつきを得た。目下の家計は苦しいが世界にはもっと貧しさを生きている国がある。「わが子たちよ、そのことを知って生きて行ってほしい」「この旅は親が子にのこす贈りものだよ」と。

今その旅のアルバムを目にしている。四十年前である。夫は五十四歳、私が四十一歳。あの時の子供は、親の年を越そうとしている。それぱかりか夫はもうこの世にはいない。

スリランカにあやまる

宿泊したコロンボのホテルでのこと。私は日本人として、いや一人の人間として恥ずかしい事をしてしまった。夕食後、夫が青ざめて「一家四人のパスポートを入れたカバンがない」と。私は食堂にとって返し、自分たちが座っていた椅子といわずテーブルを、そして食堂の戸棚にいたる迄ひっくり返した。私の心に食堂のスリランカの人を疑う心がなかったかと言えば嘘になる。何とパスポートは部屋のベッドから見つかった。今、『終戦の日本を慈悲と勇気で支えた人……スリランカ、ジャヤワルダナ大統領』を読了した今、自分の人間性を反省し、あらためてスリランカの人に深く詫びたい。慈悲と勇気の心を心として生きようと切に思う。

あなたへ　十五回忌も済ませました　もうすぐお盆です

幾世

スリランカの子らと亡夫

右手の災難

遠矢　慶子

（とおや　けいこ）
生まれも育ちも東京。
神奈川県葉山町に住んで40年。
葉山国際交流協会会員
「あとりえ一丁」「エッセイ教室」所属。
趣味は美術館めぐり。

「痛い！」

右手にきゅうりを持ち、スライサーをボールの上にのせ、「シャキシャキ」ときゅうりの薄切りを作っていた。きゅうりが半分ぐらいの長さになったとき、右手薬指の爪の横を、一緒にスライスしてしまった。

いつもなら、ちょっと指を切ったぐらいでは、すぐ血は止まるのに、ボトボト出て止まらない。ガーゼを当て、バンドエイドで押さえたがダメだ。

仕方なく、ゴム輪で、指の第一関節をぐるぐる巻き、手を上に挙げて血の止まるのを待った。

救急箱を出してみたが、使用期限の切れた薬が少し残っているだけで、マーキュロもない。そういえば、三年前の引っ越し以来、幸い救急箱を開けることがなかった。

翌朝、バンドエイドを外すと、また血が流れてきた。

ことのほか心配になり、朝一番に外科へ行く。木曜日で、ほとんどの医院は休診だ。診察カードを出して調べると、唯一、昨年罹った脳神経外科が、午前中だけ診察していた。

「皮膚をそいでしまったのですね」

温厚そうな色白の先生が、指を脱脂綿できれいに拭って、

「ゴム輪で止めるのはダメですね」と、注意された。

止血用に細いふわふわの糸状の綿をつけ、透明の皮膚の膜のような布を巻き付け、包帯を巻いてもらった。みるからに痛々しげだ。

「先生、スライスした皮膚を持ってきた方が良かったですか?」

「指を切り落とした時は持って来てもらいますが、皮膚ではいりませんね」

ハハハと先生は笑った。

「明日、消毒にきてください」

ひと安心して医院を後にした。

右手の怪我は、これで四回目になる。

四十年以上前、スキーで転んで右手の小指を折った。

三十年前には、家の中で電気コードに脚を引っかけ、転んで、右手首を折った。全治二か月もかかった。

この時は、三月の税金の申告で町役場に行き、書類不足で、急いで家に戻った。書類を探し、早く持って行かなくてはと慌てていて、電気のコードに脚をひっかけ無様に転んだ。

「痛たた！　痛い！」と言いながら、我慢して、車を運転して役場に取って帰った。

あまり痛むので、すぐ車で整形外科へ行った。レントゲンで見ると、見事に右手首が折れていた。指先から肘まで、しっかりギブスで固定された。

一週間後にアメリカへ一か月行く予定があり、どうしようと思案した。

アメリカ人の友人もがっかりして、

「ギブスをつけたら大丈夫だから、空港では車椅子を使って来なさい」

電話で命令された。とは言われても、荷物も持てず、左手で書類のサインをしても、当人と認められない可能性もあり、泣く泣く中止した。

手首を折って、すぐ医者に行かなかったせいなのか、右手首は、今も少しずれてしまっている。

三度目の災難は、三年前に右の手のひらがしびれ「手根管症候群」と診断された。女性に多く、手術すれば治ると言うので、一週間ほど入院して手術した。

ちょうど生命線の下を縦に切開した。抜糸の時、

「先生、生命線が伸びました」というと、

「良かったですね、長生きして下さいよ」と、笑っていらっしゃった。

大事な右手を四回も痛め、使えなくなり、粗忽な自分を今ごろ反省している。

それにしても、一センチ半のスライスした指の皮膚は、どこへ行ってしまったのだろう。しらす干しを入れたきゅうりもみと一緒に、食べてしまったのか。

そこに謎が残った。

思い出した

横手　泰子

（よこて　たいこ）
青森県出身、東京都港区在住。
歌が好き、本が好き、植物が好き。
「元気に百歳」クラブ、スケッチ教室に参加して水彩画を描いている。

今夜は湯豆腐にしよう……そう思ったとたん、夫の顔が脳裏に浮かぶ。だからといって、わたしが良い女房という訳ではない。パブロフの犬と同じで、単なる条件反射にすぎない。

この季節、夫の晩酌は湯豆腐から始まった。土鍋に昆布を敷き、水を張って弱い火に掛ける。豆腐一丁を八個にカットしてその中に入れる。ネギをきざみ、ショウガをすりおろす。ユズをしぼり、皮を一かけ削ぐ。鍋が温まり、豆腐がユラユラしはじめたら網杓子ですくって、ポン酢に薬味を入れて食べれば良い。

この手順を夫に教えた。これでわたしが留守でも、帰宅が遅れても、晩酌が始められた。

酒の肴は、春夏秋冬、三百六十五日、休みなく作り続けた。世の酒飲みがみんなそうなのか、夫だけがそうだったのかは判らないが、香りの強いもの、味の濃いものを好んだ。四十年ほど前は、まだ東京近郊でも山菜を採ることができた。春になると、わたしは多摩丘陵を駆け回った。セリ、ミツバ、ノビル、ウドなどはぬたに、タラの芽は天ぷらに、ワラビ、ゼンマイ、コゴミはおひたしに、と料理した。フキもヨモギも採れたが、わたしの極めつきは木の芽、これをつくだ煮にする。それを入れたおにぎりは、夫の好物だった。

高度経済成長が多摩丘陵を破壊した。

夏になると毎年わたしの郷里、青森県八戸に帰った。東京生まれ、東京育ちの夫は最初、イナカに行くことを面倒くさいが仕方ない、といった感じで従いてきた。ところがここで海の幸の洗礼を受けるや、毎年、夏を待ちかねた。

実家に到着すると、母の作ってくれるシコイワシの酢〆が出てくる。夫はショウガ醤油で丼いっぱい食べる。

翌日、海に行くと、浜辺にテントを張って、漁師の夫婦が磯でウニ、アワビを採っている。わたしはテントに近づいて、土地の言葉で話しかける。何事が始まったのかと不安げな面持ちの夫は、じっと立って見ている。わたしが千円札一枚を渡して、袋にアワビ、ウニ、ホヤをポンポンと入れて受け取ると、相好をくずして寄ってくる。漁師の母ちゃんは、浜辺に放り出してあるナマコも、「よかったら持っていきやんせ」と言って、袋に入れてくれる。

家に戻ると、井戸端に袋の中身をあけ、ウニの殻を割り、アワビを外す。ホヤの処理は母にまかせる。丼いっぱいのウニ、新鮮な水貝、ホヤ、ナマコの酢の物、飲兵衛にとっては至福の時だったと思うが、酒の飲めないわたしにとっては、何の感激もないし、第一、ナマコもホヤもきらいなのだ。シコイワシも。

自分でもどうしてなのか判らないのだが、こどもの頃、わたしはひどい偏食だった。魚も野菜もきらいだった。夕食のおかずが魚の日は、わたしだけ違うおかずだった。野菜が入っている味噌汁は身震いするほど、いやだった。いつの間にか直っていった。

冬が近づくと、夫が首を長くして待ったものがある。

友人の実家が松島湾でカキの養殖をしていて、時期になると水を含まないカキを、容器にギュウ詰めにして届けてくれた。水ぶくれしていないカキは、味が良かったことだろう。毎日、五、六個を振り洗いして、レモンの絞り汁をかけ、幸せそうな顔をして食べていた。

ある日、夫に「ちょっとこれを食べてごらん」と、珍味といわれる肴を勧められた。夫の皿から一箸摘まんで口に入れ、差し出された猪口から酒を一くち、口に含んだ。ウマイ!

衝撃だった。豊かな香りが鼻を抜け、口の中にいままで味わったことのない味覚が広がった。ウーム、敵は毎夜、この愉悦を味わっていたのか。遅まきながら酒を飲み始めようか……。そう思っても身体がアルコールを受け付けない。病院で、うっかりアルコール綿で消毒されると、腕にミミズ腫れができる。

わたしは、台所に立ち続けたような気がする。にわとり一羽捌けるし、生きたドジョウを鍋に放り込める。しかし、食べてくれる相手はもういなくなった。こんなことになるなら、一度、酔っ払ってくだを巻いてやればよかった。

くやしい。

仲居さんの勘違い

（つきがわ　りきえ）
長崎県出身。
九州を離れ、東京に来て６年、練馬区在住。兄妹、友人に会うのが楽しみで年に２回九州へ行きますが、最近脳や、足腰が少々不安です。

月川　りき江

夫の最後の勤務は、東京の十年間だった。故郷長崎に終の棲家を決めて移り住んだのは、夫が七十一歳の時だった。

予想通りと解っていながらも、夫はカルチャーショックに落ち込み、鬱状態になりそうで、これでは良くないと思った私は、旅行を思い立った。

「俺の長崎はこんなにも田舎だったのか」と東京を懐かしんでいる。

「まずは長崎を旅しよう」と言って、二人で観光地「雲仙」へ行くことにした。

その日は午後から出かけたが、旅館には夕食前に着いた。長崎は料理が美味しい。

翌日はゴルフを予約していたので、朝八時に旅館を出た。東京と違ってゴルフ場が近いので、夕方五時には宿に帰った。

「二日目は、同じ宿では似たような食事になるから、今夜は外で食べよう」

と、夫が言うので、タクシーの運転手さんに、雲仙で一番大きいホテルはどこかと聞いてそこへ向かった。

東京では、ほとんどのホテルには、和食、洋食、中華と、食事処があるから、このホテルも同じだと思った。しかし、玄関に入った途端、(なにか違う)と感じた。

まずは、フロントで、

「食事をしたいのだが、レストランはこの階ですか？　地階ですか？」

と、夫が聞くと、住所と名前を書かせられ、仲居さんが「どうぞこちらへ」とエレベーターの方へ連れて行く。「いや、食事をしたいのだけど」と言っても、「いや、どうぞどうぞ」と部屋に案内された。八畳と三畳のあるきれいな部屋だ。

「このホテルにはレストランはなく、部屋での食事なのね」と二人で話している時、仲居さんがお茶を持ってきた。そして、

「お風呂になさいますか、お食事にしますか？」と聞く。

「食事をお願いします」と答えると、彼女は私の側にきて耳元で小さい声で、コソコソと「ご家族風呂もありますよ、浴衣はこちらにあります。部屋の鍵はお渡ししますね」と親切そうに言う。なんだかおかしい。

私はふっと判った。仲居さんがいなくなってから、

「あなた！　私たちは不倫カップルと勘違いされていますよ。となると私は人妻か未亡人なのよ」と笑いながら夫に言うと、

「そんなバカな」と不愉快そうだ。私は、〈夫婦です〉と言わない方がいい、と楽しくなってきた。

そこへ食事が運ばれてきた。料理は美味しいものばかりだった。仲居さんがいる時は、不倫らしく、いつもしないお酒のお酌をしたり、料理を小皿によそって、

「あなた、どうぞ」と優しく渡すと、不機嫌な顔をする。夫は演技が出来ない。下手でもいいから不倫のふりをすればいいのに。

食事が終ったので、会計をお願いした。仲居さんは、お風呂も入らない、泊りもしない、食事だけの二人をみて、不思議そうな顔をしていた。

その後一週間して、身内による私たちの歓迎会があった。私は五人兄妹なので、五組の

夫婦十名での食事会だった。飲むほどに、酔うほどに、夫は饒舌になり、私の兄に、

「茂さん、先週雲仙に二人で行きましたが、元気をもらいましたよ」

「えっ、どうしたのですか？」

「僕たち夫婦は不倫カップルに見られたようで、僕もまだまだ捨てたもんじゃないと、元気がでましたよ」と言ったら、側の義妹が、

「お義兄さん、不倫カップルに見られたのは、お義姉さんが魅力ある未亡人に見えたからですよ」と女同志の味方をした。すかさず夫が、

「東京では振り向きもされなかったが、長崎の田舎ではそれらしく見られて、バカみたいに喜んで、はしゃいでいましたよ」と憎まれ口を叩いていた。

一同大笑いをした楽しい食事会だった。

夫からのおくりもの

（かわしま　ふみよ）
東京都江東区生まれ、目黒区在住。
趣味は日本舞踊、長唄、小唄。
「元気に百歳」クラブでは邦楽サロン「音いろ」に参加。

川嶋　文代

最近は時のたつのが速く感じられて、一日が速く、一週間、一か月、一年があっというまに過ぎていく。

日本は四季があり、春夏秋冬と各々季節の趣を感じさせてくれるが、実際に時のたつのが速く感じられる年齢になってみると、季節の風情を愛でるよりは、「冬物を片づけなければ」、「夏物を出さなければ」と、一年中衣替えの心配をしているような気持ちがする。

春になって、クロゼットの中の衣類を秋冬物から春夏物に入れ替えをしながら、積み重なっているハンドバックの類を、ついでに整理整頓しはじめた。用途ごと、色ごとに分けて棚に並べながら、その中に夫が海外出張の折におみやげに買ってきてくれた物や、一緒に出掛けた海外旅行で買って貰ったバックが多数あるのに気づいた。これはアメリカで、これはイタリアで、これはアルゼンチンで、これはタイでと、しばし夫との想い出に時を過ごしてしまう。

昨年十一月に他界した夫だが、いなくなった今も、私の周りは夫からのおくりものであふれている。日本舞踊や邦楽を趣味とする私に対して、西洋音楽を愛し、家の中は三味線の音と共に夫の弾くピアノや、フルートの音も響いていた。

夫は私の邦楽にも理解を示しながら、同時に自分の好きなオペラや、クラシックコンサートにも必ず私を連れて行き、一緒に過ごす時間を大切にしていた。美しい音の調べに囲まれ、共に過ごした多くの時間も夫からのプレゼントである。

若柳里次朗主催　若柳秀次朗
追善十年祭「吉蝶会」
長唄「傾城」若柳　紀秀
（川嶋　文代）

今年四月に、国立劇場で催された日本舞踊の発表会で踊ることができたのは、夫の死でショック状態にあった私に「はやく普段通りの生活に戻るように」と、夫が背中を押してくれているような気がしたからだ。

無事舞台が勤められたのも夫のおかげであり、これも夫からのやさしいプレゼントだったと思っている。

夫は、夫婦はいつも二人一緒に行動するべきという考え方で、何処へ行くのも何をするのも一緒だった。

時には少々面倒くさいと思ったこともあるが、多くの方に夫亡きあと、なにかと気づかっていただき、食事会や音楽会にとお誘いいただいているのも、長年夫婦単位での交際が多かったためと、今は夫に感謝している。

「金婚式を祝う食事会」 2017年11月
病床の夫と家族の最後の写真

まるで「自分がいなくなったら、家の奥さんのことよろしく」と、皆に頼んでいったように感じられることもある。

勤勉で努力家の夫は、五十年間の結婚生活の中で、「規則正しい毎日の生活と、こつこつ努力を続けること。たとえ年をとってもなにごとも努力すれば必ず向上する」と、常に全てに、前向きに取り組むことを教えてくれた。「外見より中身を磨きなさい」と、いつも言われていた。

その通りにできれば苦労はないと反発しながらも、中味で勝負できたらどんなに良いかと、長年の不勉強をおそまきながら反省している。「これからは中味を磨いていこう」と思っているが、この気持ちがいつまで続くかが問題だ。

ともあれ、夫が残してくれたおくりもの。目に見えるもの、見えないもの。沢山の夫からのおくりものに囲まれて、生活できることに感謝している今日この頃である。

付録の人生

本間　芳得

（ほんま　よしとく）
昭和９年東京都中野区の生まれ。
十代の大半を北九州市で過ごし、その後、半世紀以上を横浜の郊外に暮らして現在に至っています。

早春の爽やかな日差しをうけて、私はひとりキャリーバッグを引っ張って病院に向かった。二十年振りの再発で入院することになった。
前回入院したときは梅雨の最中だった。当時、健在だった女房の運転する車の助手席に私は意気消沈して蹲っていた。息子二人が私立大学に通学していた。家のローンも残っていた。私に万一のことがあれば、蓄えの無い我が家の家計が破綻することは、火を見るより明らかだった。世間の荒波が女房の一身に襲い掛かって来るのだろうか、と良からぬことばかり考えて私のお先は真っ暗だった。

亭主関白の私が度を失っているのに、日頃ペーパードライバーの女房は運転に集中していた。必死の形相、その真剣な眼差しを見て、私は今まで自分が知らなかった彼女の強い一面を見せられた思いがした。彼女に頼り甲斐のようなものを感じた。その強さに寄り縋りたい、今、自分が頼れるのは女房だけだと思った。

手術は無事に終了した。女房は連日病院にやって来た。あの形相で運転して来るのだと思うと、敬意と感謝の気持が湧いてきた。退院した暁には女房孝行をしよう、掃除でも洗濯でも何だって手伝ってやろうと本気で思った。ところが喉元過ぎれば熱さを忘れるで、日が経つにつれ、自分の体力回復に反比例して殊勝な気持ちは刻々と薄らいでいった。

三週間の入院を終えて退院の日、私はすっかり亭主関白を取り戻していた。帰りの車中、助手席の私は彼女の運転にいちいちケチをつけていた。

私は成長期を戦中戦後の食糧難時代に過ごした。ろくな物を食べていなかった。続く独身時代は不摂生極まりない生活をして来た。そのことが心の負い目になっていて、自分が長生き出来るとは思っていなかった。それが六十になって余命を与えられたのである。人生のおまけを貰った気がした。信仰心の薄い私ではあったが何かに素直に感謝したい気持ちになった。そんな殊勝な自分の一面を女房に打ち明けたいと思ったが気恥ずかしいので

「これからは付録の人生だ」とだけ言った。

勤めに復帰してから同僚の誰彼に「付録の人生だ」と言って廻っていたら「脳天気なことを言う奴に限って長生きするものだ」と陰口が聞こえてきた。

常々、世の中の仕組みは不条理極まりないと思っていた。しかし女房に先立たれることは予想していなかった。私の最後は彼女が看取ってくれるものと信じていた。それなのに、理不尽にも運命はふしだらな私を残して彼女を先に召してしまった。

女房が不治の病で床に就いたのは、私が女房孝行を怠って十年目のことだった。前年には一緒に三度も旅行していたので元気そのものと思っていた。私は女房の異変に気づいてやれなかった自分の不明を恨んだ。一年半彼女の看病をすることが出来た。そのことが、せめても償いの真似事になっただろうと、今では虫がいいことを考えている。

妻に先立たれた夫が数年足らずして後追いをする話は見たり聞いたりしていたが、まさか自分がそんな立場に立たされるとは。ところが「捨てる神あれば拾う神あり」で落ち込んでいる期間は意外と短かった。友人が誘ってくれた「往年の紳士淑女」と言っては語弊がある、熟年たりとも魅力あふれる紳士淑女の集い「元気に百歳」クラブへ入会した。その中のいくつかのサークルに参加して、俳句を作ったり、社会見学に出掛けたりした。二次会では旨酒に酔い痴れた。

元来人付き合いの悪い私が、かくも「元気に百歳」クラブに馴染んでいるのが不思議ではあるが、寄る年波で少しは人間に角が取れて来たのかも知れない。加えて近頃はサークルに参加していると時折、若い頃の味わいとはひと味違ったトキメキの様なものを感じる事がある。そのトキメキの正体を確と見定めたわけではないが、私にとって回春の妙薬であることは間違いない。

一見穏やかにみえた我が老いらく生活に突如二十年振りの病魔が襲って来た。

医師に宣告された時、私には前回ほど、うろたえがなかった。齢を重ねて若干の度量が備わって来たのだろうか、否々そんな筈はない、その時、身軽な今の自分に気がついた。

私がこの世からいなくなっても、困る人はただの一人もいないのだ。悼む人はいるかも知れないが、悼むのは一時のこと、その後暫く何人かの思い出の中に残って、やがて記憶からも消えて行くのだ、と何だか達観したような嫌味たらしい僻事にひとり合点した。

二十年前は三週間入院したのに、今回は一週間で退院することになった。

その日も良く晴れていた。私はひとりキャリーバッグを引っ張って病院を後にした。

「付録の、そのまた付録の人生の始まりだ」と心の中の女房にそっと囁きながら……。

本音

金田　絢子

（かねだ　あやこ）
東京都港区在住。
「元気に百歳」クラブに入って４年目、月１回のエッセイ教室で、四苦八苦しています。２月３日に80歳になりました。よろよろしながら、歩行の毎日です。

私には、三人の娘がいる。長女は私と二世帯で一緒に暮らし、三女は我が家と目と鼻の先の、マンション住まいである。一人、次女だけが富山に住んでいる。

次女が、入院中の父親の見舞いにやってきたのは平成三十年二月十五日、死の前日であった。

その日、夫は殊のほか上機嫌で、よくおしゃべりをした。終始、笑みを浮べ、はるばる来た次女を愛想よく迎えた。家族一同は、

「これならまだ大丈夫」

と、安堵して帰宅した。ところがあくる日の未明に、

「もう脈がありません」

との連絡が入った。びっくりしてとび起き、皆を起こして病院へ急いだ。少し口をあけて安らかな顔で、夫は横たわっていた。前日の元気がうそのようである。ひょっとして昨日は、ガンがお休みをとったのかもしれない。

看護師が、用事があって十二時半ごろ病室に入ったとき、

「電気をつけていいよ」

と、夫は声をかけたという。死の直前に持ち前の調子のよさを発揮したのだと思うと、ほほえましかった。とかく苛々していた夫だが、前日の夕方から死に至る十時間ほどは、紳士にかえって必死で命の幕引きをしたのだという気がしてならない。

ところで、夫が亡くなったので、次女夫婦が東京に顔をそろえた。酔っ払って朗らかになった彼（次女の夫）が、次女を「ユキちゃん」と呼び、

「俺たち仲いいよな」と話しかけ、夫の遺影に目をやりながら、

「お父さんは娘ばかりで幸せだったね」

ふりかえれば、娘二人になった時点で、

「今度は、男の子が欲しいわね」

「金田んとこは女護が島だ」

と、周囲はかまびすしかった。三女など、

「お父さんは男の子が欲しかったでしょうに」とまで言われたそうだ。

全く、余計なお世話である。

夫が逝って寂しくてならない。ことに夜、ひしひしと寂しい。でも、私は一人ぼっちなんかじゃない。いい娘が三人もいるのだから。

昔、母の友人からしみじみ言われたことがある。

「あやこさんは、ほんとに幸せな星のもとに生まれたのね」

友だちのすくなき我に三人の
娘下されし天の配剤

五十年来、胸一つに収めてきた私の本音である。

孤独な生活

和田　讓次

（わだ　じょうじ）
大学のオーケストラでチェロ奏者として活動。居住地域、勤務先でオケを結成、運営に当たる。
'06～'12年「元気に百歳」クラブ代表。
川崎市麻生区在住。

作家の五木寛之さんが、ご自身の晩年の生活をテーマにしたエッセイ集を出した。私は若いとき、この人の著作をよく読んでいた。期待をこめて早速購入した。人生の終盤に自由な時間ができて孤独を楽しんでいるという。曽野綾子さん、佐藤愛子さんなども同じようなテーマで作品を出し、高齢者の孤独な生活が話題になっている。

私は、仲間と酒を飲みながら楽しく語り合い、騒ぐのが好きである。友人、知人たちも私をそのように見ている。ある席で「美術館で好きな絵を、ぼんやりと眺めているときが最高の幸せだ」と話したら、あなたに、そんな一面があるのと、驚かれたことがある。

現役時代、仕事がら講演など人前で話す機会がおおかった。そのような時、始まる前の三十分ほどは静かに過ごすようにしていた。周囲の人達は、私が資料を見ながら準備していると思っていたようだが、私は何もしないでぼんやりしていただけである。音楽活動の場でも同じで、本番前の短い時間、仲間から離れ、静かに過ごすのが習慣になっている。仲間の多くは緊張をとくために冗談を言い合ったり、お菓子などをほおばっているのだが。

私の中に孤独な環境を求める静の部分があり、一人ぼっちになりたがる。ところが、孤独な生活が長く続くと悲観的になり、マイナス思考になることを体験した。

昨年春、肺炎にかかり、治療のためにステロイド剤を長期間服用した。病気は二か月後に、ほぼ回復したが、薬の副作用で体調が狂ってしまった。活動を再開した矢先、外出先で転倒し首を痛めた。七十日間、首を固定するカラーを付けて過ごした。この間、医師からは人混みや遠出を避けるように指示されていた。病院通いと、家の周囲を散歩する生活が半年以上も続いた。社会生活から離れた引きこもり状態である。

何もしないで無為に過ごすほうが、嫌な感じの疲労がのこった。「あなたの部屋の中にCDや本が乱雑に散らばっている」家内から何度も注意された。音楽を聴いたり、本を読む時間は十分にあるのだが、集中力が欠けているのか、すぐに飽きてしまう。ぼんやりとテレビを観て過ごす時間が多かった。暇だから自分の好きなことに時間が使える筈だが、心身が健康でないと、満足のいく生活が送れないことに気が付いた。この状態を続けていると精神的に落ち込み欝状態になる。幸いにも重症化する前に、これではいかんと気がついた。外に出て人に会うことにつとめた。まず、身近な音楽活動に精をだした。手帳に予定が書き込まれ、忙しく動きまわるほうが体は疲れるが、精神的には充実感はある。

五木さんは、孤独だから人生が豊かに生きられる、というが心が充実していないと、惨めな生活を送ることになる。

日野原先生は「人と人との触れ合いからお互いにときめきの心がおこる、そして、ときめきの心が沸かないと、美しいものを観ても、素晴らしい音楽を聴いても、美味しいものをいただいても満足に受け入れられないものだ」と云われた。先生にお会いしたときにお聴きしたり、著作から学んでいたが、そんなものかと軽く受け止めていた。今になって先生の言葉の意味が実感できるようになってきた。

身の丈ほどでいい

樫塚　進

（かしづか　すすむ）

1941年生まれ、香川県高松市出身。

東京都練馬区在住。

証券会社に40年勤務した転勤族。

ハンセン病ノンフイクション出版。国会図書館、東京都立・区立図書館、香川県立各図書館に納本する。


あなたの人生、今何点だと思いますか？　先日、テレビのトーク番組でそんな問答をやっていた。それを見て七十七歳になった私は今何点だろう。人生階段の踊り場として振り返ってみるのもいい。

昭和三十九年に四国の高松で同い年の妻と結婚した。転勤族になって本社出張の度に、叶わぬ願いと思いながら、大都会東京でのマイホーム生活に憧れていた。それが定年近くになって東京本社転勤となり、現実のものとなった。今は生活圏で徒歩五分以内に、スーパー、コンビニ、医療機関、交通機関などがあり、便利な地が「終の棲家」になった。

さらに隣地には老人ホームの建設工事まで始まっている。定年近くになって順次周辺の方が便利な地に変わってくれた。人生点数を答えるなら、家族も孫宅も健康だし百点だろう。妻が賛同してくれれば正解だ。

そう考えているところへ、近くに住む娘婿洋昌が訪れた。唐突を承知でその質問をしてみた。即座に答えれば案外正直な答えだろう。

「九十点と思っています」と何のためらいもなく即答した。

「九十点とは凄いな、まだ四十九歳だのに」

「高校の修学旅行で、北海道から東京へ来た時に、東京の会社に勤め東京にマイホームを持つことに憧れていました。それが叶いました」

私と同じように都会に魅せられていたのだ。九十点であとの十点は多分、家のローンや貯蓄など経済的なことだろうと思い、敢えて聞かなかった。彼はＩＴ関連の技術者として上場企業に勤めている。経済苦は一時期どこの家庭でもあるもので、これからも真面目に仕事すれば、定年までには解決するものと思っている。洋昌が帰った後、入れ違いに妻がスイミングジムから帰ってきた。早速、洋昌の話をした。

「九十点と答えたよ、若いのに立派だよ」

誉めると思っていると……

「もう五十でしょう、甘いわよ。貯金も無いって……麻里（娘）が嘆いていたわ」

そういえば新聞か雑誌で二人以上の所帯で、貯蓄ゼロが三十パーセントいるとの記事を見たことがある。その三十パーセントに入っているのかも知れないのか。

「貯金出来なくても人生点数で九十点と評価する洋昌は、北海道の人らしく大らかな人間なんだな」

「そんなの大らかとはいわないの、脳天気というのよ。貯蓄が無ければ不幸を防げないでしょう。自分の夢が叶っただけで九十点は甘ちゃんよ。ある程度の貯蓄があって、家族が安心を感じるならいいけど」

なかなか手厳しい。テレビと同じ問いかけで質問した私が悪かった。「家長として家族を含めた幸せ感」で考えるのが適当だろう。この際、真面目に考えてみよう。

先ず、第一は「家族全員の健康」が一番だろう。一人でも体調が悪い家族がいると心が滅入るものだ。その次がお金の安心。平均貯蓄が一所帯千八百万円（勤労者所帯では千三百万円）らしいが、これは人それぞれで、家族が安心出来る貯蓄があればいいと思う。貯蓄が少なくても幸せを感じている人も多くいる。その次は、心が和む良い友との関わりだろう。何ごとも打ち明けられ、多少無作法でもお互いが許せる友がいい。四番目には好きなこと、楽しいことが、いつでも思うように出来ること。五番目が生活に便利な環境に住むことだ。質素な生活でも便利な町がいい。思いつくまま考えてみるが、やはり引っかかるのが二番目の貯蓄の部分だ。

「お父さん、あなた何点なの？」突然聞いてきた。

「生活に便利な地域だけ考えると百点だけど、七十点かな。貯蓄の方がウン億円（？）で大丈夫かな。百まで生きると大変だ」

「貯蓄は現在のウン億円で大丈夫よ。お金の安心なんて上を見ても下を見ても、キリがないもの。分相応と思い満足しましょう。今の貯蓄が私たちの身の丈よ。そう思わないといつまでも不安よ。何年か前のように欲張りして大失敗したじゃない」

お金は生まれた時から神様が、その人のこの世の取り分というものを決めたらしい。予想以上に利益を得て一時的に蓄財できても、ナゼか手元に残らない人がいる。取り分の少ない人は努力しても金持ちになれないのだ。現役時代、そのような運のない人を時々見かけていた。

バブル経済の昭和六十二年地価高騰のころ、東京山手線の内側の土地を全て売却すればアメリカ一国が買える。そんな試算が話題になった時代だった。

私自身もバブルの時代には、箱根に別荘、白浜にリゾートマンション、子供に一台ずつ新車を買ってやろうと真面目に考えていた。ところが欲張りすぎて、そのチャンスを逃し生かすことが出来ず、元の平均的サラリーマンに戻った。「身の丈」に戻った。私の器ということだろう。

「母さんは何点つけた？」

「私は九十点よ、お父さんは家も墓も建てて、本も図書館へ置けるようになったでしょう。七十点は謙遜してない？　私は好きな水泳や踊りや歌も習えて家族や孫宅も健康だし、私の八人の兄弟姉妹の中で一番幸せと思っている。だから今は九十点よ。あとの十点は孫の期待不足の心配分よ」

初めて聞く妻の九十点とは予想していなかった。それだけに一家の長として、夫としては素直に嬉しい。

「お母さん、嫁姑の時代は苦労があったなー」

「そう、五十年も前のことね。あの頃なら四十点よ。辛かったわ、でもそれがあったから、今の九十点があると思うの、お義母さんに大感謝よ」

「エエッ……天国のおふくろ喜ぶぞ、いいこと言うネー、母さん」

私も永い転勤生活の中で、不本意な部署替えや、諍いで左遷された時期があった。ところが、その部署にチャンスがあった。そこから一歩一歩踏みしめ固めた上に、現在の満足と思える今の幸せがある。故に当時の関わりあった人にも感謝に似た気持ちがある。

「お父さん、年を重ねても明るく活き活きと振舞えば、人さまも相手して下さるでしょう。お金は沢山有るのに越したことないけど、身の丈ほどでいいのよ。お金より『健康と良い友だち』さえ居れば、そこそこの楽しみや幸せがあると思うのよ」

妻の口癖である。たしかに、これからの幸せ感はお金より健康かもしれない。特に耳と足だけは患わないようにしなければならない。人さまやグループとお付き合い出来なくなる。一拍遅れの返事をしても、許してもらえる可愛いお年寄りになり、いつまでも声をかけてもらえるようにしよう。キッチンへ立つ妻の後姿を見て、そんなことを考えた。

アルツハイマー病介護には、〝喜びの〟多くのときめき経験を！

出雲　晋治

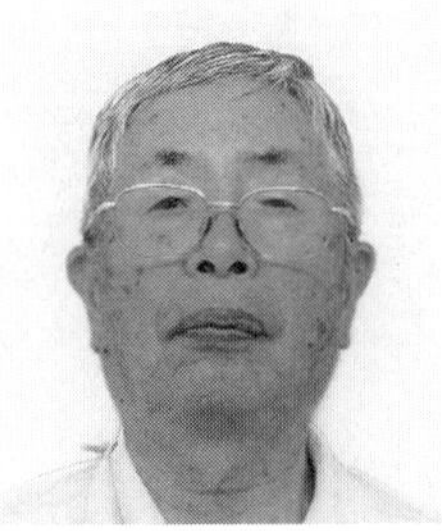

（いずも　しんじ）
大阪市生まれ、大阪市内で勤務、昭和40年大和郡山市に引越し現在に至る。「大和郡山市肢体不自由児者父母の会」会員。「認知症の人と家族の会」会員（大和郡山市及び奈良県支部）。

私は約十六年間、アルツハイマー病の妻を在宅で、家族、近所の方々、ヘルパーさん達の支援を受けながら、介護をして来たことにより、次のことに気づき学びました。

一人前の社会人として活躍してきた人が、アルツハイマー病を発症すれば、ゆっくりゆっくりと、赤ちゃんに戻っていく病気であることでした。

今年のクラブ誌のテーマは「ときめく」です。ときめくには二通りあると思っています。不安、悲しみ、いらだち、絶望感などの、いわば、マイナスのときめきと、うれしい、喜び、成就感などのプラスのときめきです。

妻は、アルツハイマー病発症により、知的能力が低下し続けていきました。理解力、実践力、判断力などが低下し続けていき、精神的に大きな影響を受け続けました。不安、悲しみ、心配、いらだち、絶望感へと、マイナスのときめきを受け続け、苦しみ続けて来たのです（五十五歳軽度認知障害にはじまり、七十歳合掌）。

現在では、妻の頃に比べて、早期発見が可能であり、治療完治は困難ですが、早期治療、早期介護がなされています。

初期では、本人がアルツハイマー病が進行していく過程に従って、自分の人生計画をたてていくことが出来るのではないでしょうか。でも、病気が進行していけば、人生計画の実施は、介護者に委ねることになります。

いずれにしろ、介護者は、アルツハイマー病についての知識をもち、それを活かしながら、「喜びのときめき」が味わえる介護つくりが、最も大切である、と分かりました。

旅行は介護のひとつであり、喜びのときめきのひとつです。マイナスのときめきを、忘

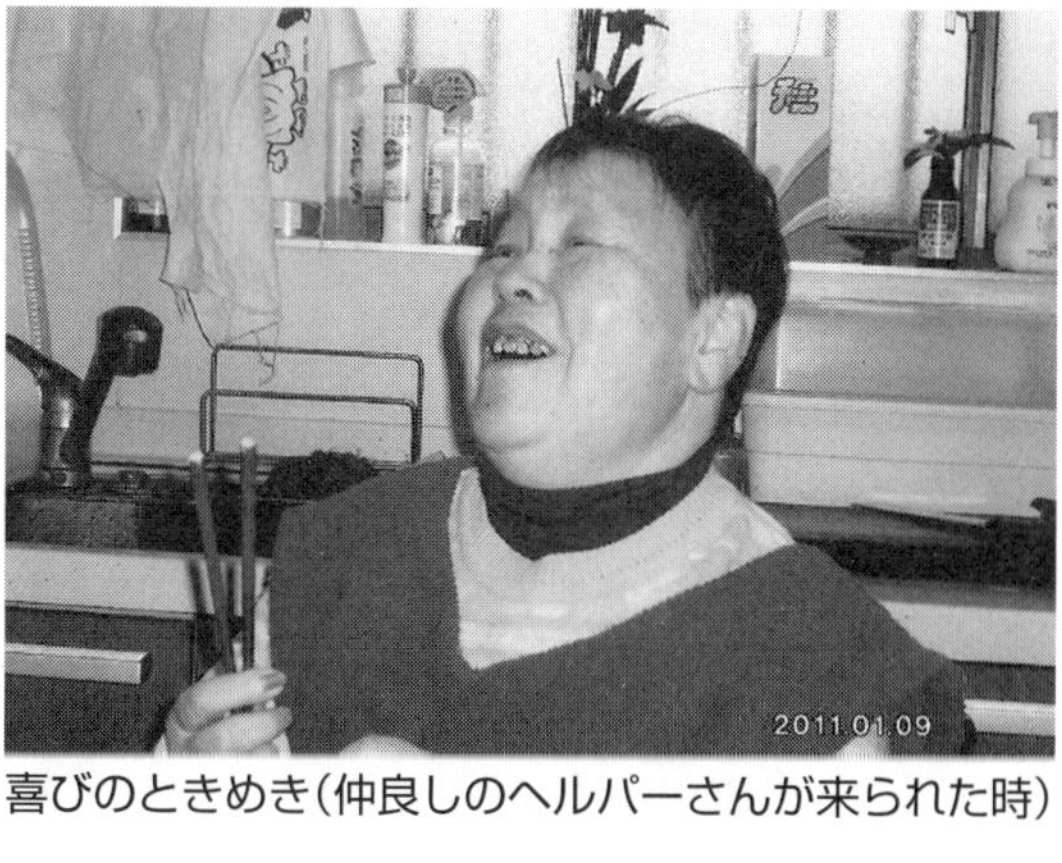

喜びのときめき（仲良しのヘルパーさんが来られた時）

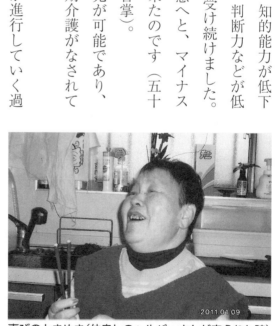

れさせてくれていました。

娘たちは母の症状をみて、「今なら旅行が出来る」と判断して、沖縄、石垣島へ連れて行ってくれました。

その後も、親子三人で、黒部平、雪の大谷見学の二泊三日の旅行をしました。妻の病気はすすんでいても、まだ妻は、身辺自立が出来ていたからです。

でも、全く知らない所へ旅行するのが、少し不安になってきた時期には、親しくしている人の民宿を拠点として、賢島や知多半島へ行きました。

息子は　肢体不自由なので、車イスで外出です。妻が、息子の車イスをきっちりと押すことができる時期までは、旅行も、日帰りの観光もできました。

妻が、実際に「ときめいたなあ」と、感じた時期は、不安期、いらだち期、うつ病

沖縄にて（息子と妻）

的な時期がすぎて、元気に歩ける赤ちゃんの、わからないことも、わからない時期でした。ヘルパーさんと三人で、リハビリ散歩中、近所の人が、笑顔でやさしく声をかけて下さると、にっこりと笑顔になり、うれしそうでした。また、子どもたちとの出会いや、玄関前の植木鉢の美しい花を見て、ときめいたのでしょう。花を手で取りにいきました。

奈良新公会堂の庭園に、私とヘルパーさんに手をつながれて立った時（自分ひとりでは立っていることが困難な時期）は、自分がひとりでは歩けないのに、つないでいる手をふりはらって、走り出そうとしました。まわりの美しい景色、芝生に立っている心地良さに、ときめいたのでしょう。「喜びのときめき」の時間だったのです。

言葉はゼロ、衣服着脱も困難、トイレの介助、食事も介助の時期になっていても、心は生きているのです。ときめきの喜びを、表情、動作で、あらわしていたのです。

仲良しの信頼関係のあるヘルパーさんが来られると、笑顔の表情になり、ときめきの喜びをあらわしてくれていたのです。

妻と同じ病気の人も、妻と同じように、多くの喜びのときめき経験をされていたことでしょう。さらに共有されていくことを願って、文章にしました。

ときめきいろいろ

木下　幸子

（きのした　ゆきこ）
1937年３月横浜市生まれ。戦争により、長野県小布施に疎開し1949年東京江東区に転居、現在川崎市高津区在住。

「ときめき」大変なことを、引き受けてしまいました。

固定電話のファックスが故障し、修理不能とのことで、新しく購入し、二、三日そのままにし、やっとの思いで取付けしたところ、夜間に電話が鳴りました。

誰が一番かな？　と受話器を取り上げましたところ、「元気に百歳」クラブの河端悠紀子様からの、原稿依頼の電話でした。

「エ！エ！」おどろきました。困りました。私は、いつの頃からか、字を書くことが、非常におっくうになり、ますます筆不精がつのり、年齢のせいにはしたくないのですが、ラブレターひとつ、書いたこともないわたくしに……。「テーマ」は、冒頭の「ときめき」です、とのこと。

駄目でしたらなんでもよい。邦楽サロン「音いろ」のことでも、と。

〈ほんとうに困りました〉

そのあと、河端さんからの一言、「音いろ」の寺田さん、川嶋さんにも依頼して、承諾して頂いています。「ワッ」私にとって、この一言は、殺し文句でした。結局受けてしまいました（河端さん、すみませんでした）。

「元気に百歳」クラブに、私は、前会長の中西成美さんと神楽坂でご一緒だった縁で、クラブ誌を頂戴し、すてきな会をご紹介いただいて、入会しました。

小唄は、十年程前にやめていますが、現在は、「音いろ」で、お世話になっています。

私は、三十歳を前にして、小さな会社を起こし、輸入物のカツラや、化粧品、雑貨、つけまつ毛、メークブラシ等の製造と、卸販売業をしていました。国内をとびまわり、お得意さま回りや商品開発、また自宅を買ったりと、いそがしく過ごしました。その後も私は年を忘れて仕事をしていましたが、六十代に入っていました。バブルも弾け、丁度翌年は西暦二〇〇〇年に入りますので、それを機に潔く会社をたたみました。長い間、多勢の方々に助けて頂きました。

その間に世の中も随分かわり、女性のお化粧、ファッションや、文化も変化し、つけまつ毛が大流行しました。そこで輸出国の韓国に商品のパターン指導に行きました。

ソウルの二月は、空気の乾いた寒い日で雪は少なく、大地が凍っているような印象を受けました。

夜は伝統的なキーセンハウスのオンドル室で、着飾った独得な座り方のキーセンや先方の人々に接待を受けました。テーブルには豪華な沢山の料理が並んでいましたが、宴の前に、松の実入りのおかゆが出ました。理に叶ったお酒の飲み方だなァと思いました。

その頃韓国は、まだ夜間は戒厳令が出ている時代でした。

三日ほど滞在し、仕事・観光と過ごし、お土産に民族衣装をありがたく頂戴して帰国の途に就きましたが、飛行機は羽田空港に雪が少し積り着陸不能。上空を暫く旋回した後、「北海道に行きます」とのアナウンス。千歳空港着陸後エンジンが止められ、寒い機内で窓に結晶が厚くなっていくのを眺めていました。千歳がまだ国際空港になっていないので税関の人を手配しているとのこと、たまたま休暇でもどっている人がいたようで、二時間くらい待って、手荷物一つだけで、やっとの思いで空港に降りることができました。

すると、私にはハプニングがありました。北海道に住む友人の知人（初対面の方）が、出迎えてくださり、すすき野のクラブに案内されて、楽しい経験をさせていただきました。その夜は、全日空の用意したホテルに泊まりましたが、「明日は何時に飛び立てるか不明なのでホテルにいて下さい」と。午前中いっぱいカンヅメでした。

ふと見れば
なずな花さく　垣根かな
芭蕉

傘寿を越えた今でも、疎開ですごした信州でのこと、この句で思い出します。ペンペン草で遊んだ野原や、今でこそ有名な北斎の八方睨みの天井画の岩松院、山や河、友を！

これからも、ふと見ればのささやかな心境で、やさしさと好奇心をもって外へ。

今、私はマージャンを覚えることに週一回当てて楽しんでいます。健康マージャンです。ゴルフは、体が弱音をはく前までつづけようと思っています。健康のために。

「ときめき」「ときめく」、いくつになっても、ステキな言葉ですね！

ときめく

山田　拓男

（やまだ　ひろお）
1949年東京都八王子市生まれ、立川市若葉町在住。
保護司を中心にいくつかのボランティアを継続中。楽しみはスポーツ観戦、市民農園での野菜づくり。

「ときめく」を辞書で調べてみると、よろこびや期待・不安で胸がドキドキする、時代の流れにのって栄える、よい時機を得て世に勢をえる、と載っていました。

私の人生において、その様な事があっただろうか、いろいろ思い出してみました。その中に答辞を読んだ事などを、思い出しました。私は答辞を二回読んでいます。

一回目は幼稚園です。私は二十歳まで八王子市に住んでいました。大横町の大善寺というお寺にあった、「呑龍幼稚園」での事でした。どういう理由で私が選ばれたのか覚えていませんが、卒園式で、答辞をうまく読めて、母にほめてもらい、うれしかった思い出が残っています。

二回目は大学です。千葉工業大学という私立の工学部単科大学でした。七つの学科があり、私は土木工学科に入学しました。今、その大学はロボットで有名になり、時代の変化で、土木工学科という名前はなくなってしまいました。卒業式での総代が、なぜ土木工学科になったかは、良くわかりません。土木工学科の教授たちが動いたという話もあります。

土木工学科には私自身いくつかの貢献をしたと思っています。一つ目は、一年生から世話役をしており、四年生の時、就職に使う内申書用の人物像を、担当教授に提供しました。また、土木工学科に必要な協力金を、何十人もの学生の親に電話し、集めました。しかし大学の本部からは、土木工学科第二実験棟要求の請願書事件で、危険視されていました。私たちは、一年生から三年生の九割近くの署名を集めました。そして請願書を学校に渡そうとして、学務課にとめられました。主任教授に呼ばれ、学外追放という処分を受けました。卒業論文は、東大生産研究所のコンクリート研へ行き、そこで、実験の手伝いをしてまとめてくる様に言われました。本学へは週に一日、下級生のコンクリート実験の指導という事で認められました。卒業論文は良くまとまったと自分でも思いました。

いろいろな事を総合すると、答辞が土木工学科から選ばれるなら私、と思っていました。

数日後、担当教授から、「土木工学科が選ばれ、答辞は君に決まった」と、伝えられました。決まったあと学務課に行きましたら、担当者は少々とまどった様子でしたが、特に注意もなく「筆で書けるか？」と聞かれたので、「父に書いてもらいます」とだけ答えました。

内容については、事前チェックもありませんでした。私は大学での思い出や、出来ごと、今後の大学のあり方など多少の批判を入れ、最高の答辞を読めたと思っています。卒業式には父も出席してくれて喜んでくれました。千人以上の代表ですから、ときめいた感じはありました。

次は会社です。私は大学を卒業して清水建設に入社しました。入社してから十五年間は現場でした。その後、JR東日本の子会社、JRコンサルタンツに出向、平成五年十月から本社の土木営業で、JR東日本と国鉄清算事業本部を、担当しました。現場と違い営業は多少の時間の都合がつき、地域ボランティアをしておりました。

平成十五年、会社は創立二〇〇年を迎えました。その創立記念日に私は社長表彰を受けました。「永年にわたる地道な青少年健全育成活動」という内容で、優秀社会活動賞でした。私が立川市で青少年健全育成地区委員長をしていた時で、前年は委員長会の会長もしており、都知事表彰を受けていました。それを基に自分で申請し、私に決まりました。表彰された後日、所属の方々がお祝いをしてくれました。創立二〇〇年、節目での表彰は、とてもうれしく、かがやいたと思いました。

次は同窓会です。六月末に、イベントがあります。私が卒業した都立立川高校は、卒業五十年後に同窓会の当番幹事がまわってきます。今年がその当番で、今は立川市に住んでいる事もあり、十年前から代議員を引き受け、昨年は副実行委員長をしていたので、いきがかり上、実行委員長を引き受けました。私が実行委員をすると決ったら、心配する同期の方々が、次々に加わってくれて、おまけに講演する同期の人も決まり、あとは本番を待つばかり。私は、実行委員長としての挨拶はありますが、最後にエールを発声するのが、私の大きな役目です。

高校時代の体育祭では応援団長として、エールの交換や、自分のチームが優勝して全校生徒前で口上を読みあげ、エールをした事を思い出しました。同窓会本番の数日前に、高校バスケット部の総会、懇親会があり、そこで練習して本番を迎えたい、と考えています。とにかく本番では三百人以上の人前で力強くエールをし、ときめきたい。

最後に自分としてときめきたい事があります。それは、私は百三歳まで生きると言っています。ですから「元気に百歳」を越えて、生き様を次の代へ伝えたいと思います。

町内会会長フントウ記

中野　哲一

（なかの　てつかず）

町内会役員をからくも卒業。

めでたく傘寿に到達。

この先の道中は、容易ならず。

「よく歩き、よく喋り、よく食べる」なら、かなりの所まで行けるのではないかとたのしみである。


平成十八年六月、約五十年間住み慣れた名古屋市西区から北区へ転居した。そこは比較的古い戸建ての家が立ち並んでいた。交通の便は少し悪くなったが、それまでの喧騒からは解放されて、他はまあ良しとした。

数年が経ち、町内会会長がやって来た。その人の任期後に後任の役を引き受けて欲しいと哀願された。少しは町内に貢献すべきであると認識していたものの、転入してきて間もない自分が会長になることは、土地の慣習や住人を殆ど知らず、色々と不安があり、引き受けを固辞した。しかし、三回どころかその何倍もの礼をもって、我が家の玄関に現われて、私はとうとう折れた。

町内活動がどんなものかを予め知るために、町内会計係を二年間やることになった。自分が間もなく会長になる平成二十八年三月になっても、新年度の主要役員が未だ決まっていなかった。前会長が手伝って決めておいてくれなかったことを、苦々しく思った。

訪問販売のセールスマンの如く、当たりをつけて町内を回った。どの家庭でも、町内会役員を引き受けることは到底出来ない、という至極もっともな理由を切々と訴えられ、引き下がるしかなかった。仕方なく町内全家庭に、自分の絶望的心境をしたためたレターを届けた。待ちくたびれても反応がなく、どうしても役員が出なければ、自分一人で全役をやるしかないと開き直った。

三月末が近づいたある日、正義の助っ人が現われた。彼女は、町内八組の全組長一軒ずつ私と一緒に訪問して、役員選出を頼んでくれた。そのお陰で、必要な役員が間一髪でそろった。大げさだけど、その人を今も命の恩人と呼んでいる。

四月になり新役員で自治会活動が始まった。一つ問題があることが判明した。会長任務は区政・災害対策関係だけと理解していたが、氏子総代の任務も担わなければならないとのことだった。

自分が氏子であると認めることさえ抵抗があり、神仏には、かしこみて敬う気持ちを殆ど持っていなかったのに、氏子総代になるということはとんでもないこと、愕然とした。「そんなのデキネー」と啖呵をきる度胸もなく、しぶしぶ受け入れた。二年間で五十回位神社の行事に出たが、心から神様に崇敬と感謝の気持ちを持って神社に通った記憶がない。神様には失礼であったという気持ちがある。でも、行事の手伝い要員として働く時間はしんどかった。「この罰当たりメ！」と言われても仕方ない。

町内の行事はなんとかこなすことができた。清掃・防災訓練、夏祭り、敬老祝賀会、子供獅子、成人式、交通安全・防犯活動等、責任者として準備、実行にはかなりの気苦労があった。これは代々の会長がやってきたことで、自分だけが特別な大仕事をした訳ではないとは思ったが、早く役を下りたいばかりだった。

会長就任直後から頭の中心にあったのは、できるだけ早い内に次期町内会役員を選出決定して、自分が苦労したことと同じことが起きないようにしなければならないということであった。見回したところ、適切な候補者は見当たらず、頭痛の種であった。何十年も前なら、影響力を持つ長老がどこかにいて、うまく収まるように骨折ってくれたことだろう。とにかく必要なステップを積み重ねていって住人が納得し、自発的に協力してもらうようにすることが肝要と考えた。ボランティア精神は何処にでもありそうに思われるが、現実はそうはいかない。適任候補者はいつも多忙である。

自分の会長任期が半分過ぎた時点でも成果はゼロであった。その後、鋭意努力したが、会長、副会長、保健・環境委員は依然として決まらなかった。退任時期まであと三か月の時点でも変わらず、止む無くクジで決める方法を取ろうとしたが、成功しなかった。

そこで、提案したことは、負担の大きい会長と保健・環境委員の任務を細かく分割して、それを大人数で手分けして行い、手当ても支払うこととした。町内会会長（＝区政協力委員）と保健・環境委員には名古屋市から手当てが支払われるが、それを財源とすることにした。

新会長と他の役員はこの考え方に同調して、ぎりぎりのタイミングで就任を引き受けてくれた。現在この新しい方式を試行中である。かくして私は退任した。

町内会長としての二年間について、私はこのように見苦しく、愚痴りとおしてしまい、お許し願いたい。

幸い、良いことも残った。近所に頼もしい知り合いが何人もできた。その人達と路上で出会えば暫し談笑を楽しむことができるこの頃である。

我が人生九十六年の歩み

（くすだ　しょういちろう）
奈良県宇陀市榛原萩原に在住。大東亜戦争に出征。復員後、大阪市水道局に勤務。退職後、地域の埋葬墓地を美しくする会を結成。昭和60年に発足。以来、清掃奉仕しながら会の会計と事務をしている。

楠田　正一郎

奈良の山村の農家の九人兄弟の四男に生まれました。小学校入学当時身体が虚弱で、村役場から牛乳を飲ませて頂いていたようですが、学年が進むにつれて次第に健康な体になったようです。尋常高等小学校を卒業した年の四月初め、十五歳のとき、父に連れられて着物姿で大阪市西成区の個人営業の金属加工金沢製作所に行き、住み込み弟子として働くことになりました。

親方、親方の母親、親方の弟、そして親方の妻と子供二人の六人家族の顔色を見ての生活が始まりました。暖かい実家での生活から離れ、慣れない他人との生活、油にまみれての慣れない危険な金属のプレス機械作業に明け暮れる生活で、夜になると父母や兄弟を思い出し、さびしい毎日でした。実家に帰るのは盆と正月だけです。

今思い返してみると、五年ぐらい苦しく悲しい生活が続いたように思います。何度か実家に帰ろうと思ったりしましたが、「よう辛抱せず帰った」と村の人に笑われると思うと、帰られず耐え忍んでいました。そのうち一人前の職人になり、後輩を指導するようになって気持ちが落ち着いてきました。

昭和十九年三月、三か月の教育召集令状が来て大阪陸軍二十三部隊に入隊することになりました。これが第二の人生、軍隊生活の始まりです。連日の訓練、軍律厳しい軍隊生活が続きました。二か月半ほどで除隊になり、階級の星一つ付いた軍服を着て自宅に帰りました。

ほっとして三日後、軍服を二十三部隊に返納に行き、金沢製作所へ職場復帰して仕事を始めようと思った矢先、赤紙の召集令状が来ました。製作所の周辺の人達に、ラッパと太鼓の音楽付きで、電車の乗り場まで見送って頂き、自宅に帰りました。村の人と小学校の生徒にバス乗り場まで見送って頂き、二十三部隊に入隊しました。

三日後、中支派遣軍として大陸に出征して、またも軍隊生活の始まりです。中支の漢口に上陸して、武昌から前戦部隊の後を追うように、奥地へ奥地へと連日の行軍でした。靴ずれした足の裏が水ぶくれで痛く、一日の行軍が終わって、夜に衛生兵に水を取ってもらうのですが、取った後にヨードチンキを入れての消毒です。ものすごく痛かったですが、我慢すれば翌日にはすっかり良くなっておりました。連日の行軍です。行軍中に足をひねり足首を捻挫。痛くて歩くのが苦痛ですが、歩かなければ部隊から遅れます。良き戦友がいて、背嚢と銃を持ってくれて遅れず行軍を続けられました。どんなにうれしかったことか、今でも忘れません。

また連日の行軍中にマラリヤ病にかかり四十度の熱を出した時、水にぬらしたタオルを鉢巻にして行軍を続けました。このような苦労を耐え忍び、約一か月の行軍で、目的地の部隊に着きました。各中隊に配属され、前線部隊の後方守備の任務でした。そこでの勤務が、一年ほどで終戦になりました。翌年六月まで復員船が来るのを待ち、日本に帰ると同時に軍隊は解散して各自故郷に帰りました。

自宅に帰った後、前に働いていた金沢製作所へ行こうと思いましたが、鉄工所は空襲で無くなっておりました。職場復帰できず毎日遊んでいたとき、大阪の水道局に行っていた叔父に紹介してもらい、水道局勤務が始まりました。第三の人生の始まりです。

職員三百五十人ほどの配水課の工事部に配属されました。作業は火造り鍛冶工で、工事に使う道具の製作と修理をする金属技工員でした。

二十年ほど勤務した時、同僚の職員から、「配水課の支部長に労働組合から立候補している職員は良くないので、ぜひあなたに立候補してもらいたい」と相談をもちかけられました。一時は辞退しましたが、断り切れず立候補して支部長になってしまいました。五年ほど労働運動で、職員の労働条件の改善に力を入れました。

この運動の経過もあってか、定年退職時の送別会では、職員食堂の終わった時間を利用して、後にも先にもないような、大規模な送別会をして頂きました。水道人生の良き思い出となっています。

水道局定年退職後、何をすることもないと思っていたら、自治会の役員や老人会の役員を仰せつかり、悔いのない退職後の人生の始まりです。

特に埋葬共同墓地の美化については、至る所にゴミが捨てられ、周囲を汚染しているのを見かねて、組織を作り美化運動に取り組むことにしました。会を結成して三十三年になります。私も高齢になり九十六歳になりました。現在会の事務局と会計の仕事をしております。

健康長寿を願って

（まつだ　ひろし）
香川県高松市在住。
定年退職後、放送大学全科履修生。
地域の鶴寿会の世話役など。

松田　啓司

昭和十四年生まれで、もうすぐ満八十歳となりますので、若かった頃の思い出を残したいと思い、投稿します。

昭和二十年小学校一年生の七月四日に、高松市がアメリカ軍の爆撃機Ｂ29によって空襲を受けました。

現在の高松市競輪場は、当時塩田でした。塩田は燃えるものがないので、そこの溝に家族と近所の人たちと避難しました。塩田の周りの家は爆撃により真っ赤に燃えて、その熱で溝の水も温度が上がり、熱さを肌で感じました。夜明けとともに爆撃も終わり、そこから徒歩で知り合いを頼って、「さぬき市小田町」に向かって歩きました。家族は母親と弟と妹と私の四人です。父親は蓄音機松美堂の経営者でしたので、軍隊では九州の高千穂の通信隊に配属されていました。八月十五日の終戦で父親が帰ってきて、故郷である丸亀市に移動しました。翌年の四月に丸亀市立城乾小学校に一年生として再入学しました。

学生時代には親類に醤油を製造している人がいましたので、近所や友達に醤油を売りに行きました。当時は一升瓶しかありませんでしたので、瓶ごと販売しました。瓶込みの価格が百二十五円で瓶を回収して初めて二十五円の収益が発生する仕組みでした。家族の人数と醤油の使用料を記録して、配達のタイミングを把握するようにしていました。

新聞や夕刊の配達もしました。私が高松高校生でしたので、高松高校に入学を希望する中学三年生の家庭教師もしました。

学校が進学校だったので、卒業後の就職活動はできませんでした。しばらくの間、丸亀市にあった親類の自転車の卸店へ、国鉄で通勤しました。自転車を組み立てて、それを右手で引っ張り、左手で自分の自転車を運転し、坂出市や多度津、琴平、詫間まで届けたり、汚れたタイヤを洗って自転車店に展示しました。

ある時、これからの時代は自動車免許が必要だ、と感じて高松の自動車学校で免許を取得しました。

その後、香川ナショナルラジオ月賦販売株式会社に就職しました。車はありましたが運転手が転勤していたので、運転手は私一人であり、電気小売り店へ配達するのが主たる仕事でした。その後、倉庫係となり、簿記を習い、商品収支など経理も手伝い、会社の毎月の決算書を作り、松下電器へ報告に行きました。

四国の月販会社が、統合により四国ナショナルクレジット会社一社となり、企業向けのリースも取り扱うようになっていきました。

従兄は入院していた高松病院の看護婦と結婚していました。その従兄から「結婚するなら看護婦がいいよね」と勧められました。

看護婦は栄養学や介護学を学んでおり、毎日の食事の栄養に気を配り、また体調が悪くなったら、うまく介護をしてくれると教えてくれました。

知人の紹介で、昭和四十二年二月十日に、「不二の屋八本松店」で見合いをしました。

相手はミス中三（日赤病院中病棟三階の意味）と言われた美人であったので、仲人役に

「お願いします」と伝えました。お見合いの後、二人で八幡神社へお参りし、「喫茶あずまや」でコーヒーを飲みました。当時、看護婦の勤務時間は平日と深夜勤務と準深夜勤務の三種ありましたが、時間の余裕がある日は、自宅にバスで来ました。帰るときは私がマイカーで、日赤の看護婦寮まで送っていきました。

昭和四十二年五月十日に国際ホテルで結婚式を挙げました。新婚旅行は大阪の阪急ホテルで一泊し、翌日新幹線で上京し、ホテルニューオータニに泊まりました。東京都内の観光地（皇居など）を観光し、日光へ行きました。当時はまだ瀬戸大橋が無かったので、宇高連絡船で高松を出発しました。その時には家族や親戚、職場の同僚などたくさんの人が紙テープで見送ってくれました。その思い出の写真が残っています。

手相を見ると生命線が長く伸びていて、長寿を全うできると思い、「元気に百歳」クラブに参加しました。皆それぞれが創意工夫をしていることが、具体的に理解できました。これからも毎日の生活の中に、工夫を取り入れて、一日でも長く健康で生きられるように、頑張ります。

いつも前を向いて
―楠田正一郎さんのこと―

喜多　誠順

（きた　せいじゅん）
奈良市在住。
プロ・ダンス・インストラクター。
車いすダンスクラブ“虹の環《わ》”主宰。

一　パソコン教室

今年（二〇一八年）二月四日で九十六歳になられた楠田正一郎さん。毎月第四月曜日、重量二キログラム強のパソコンを背に、電車を乗り継いで一時間かけて、会場の寺川様宅まで来られる。白髪の頭にグレーの帽子、服装にも気を配り、ビシッと決めておられる。

六年前、六人ほどで始めたパソコン教室であるが、今では楠田さんと私だけの教室になっている。楠田さんがパソコンに取り組むようになったきっかけは、それまで使っていたワープロの備品が調達できなくなったからだ。聞くところによると、ワープロの操作はマニュアルを読んで習得したとのことである。

パソコンの手始めは、ワードによる文書入力。ワープロの経験があり、文字入力にはさほど抵抗がなかった。難しかったのは、マウスの操作。手元をちょっと動かすだけで、ポインターが画面からはずれたり、いろいろダイヤログ画面がでたり。しかし一か月後にはその操作にも慣れてくる。一か月間の自宅での独習のたまものと思われる。

二　墓地清掃奉仕活動

「必要は発明の母」という言葉がある。楠田さんのパソコン独習を支えたのは、三十数年にわたって続けてきた、地域での奉仕活動、「墓地を美しくする会」の活動を進めるための、事務処理をしなければならないとの思いであったようだ。

奉仕活動の詳細については、クラブ誌十一号に掲載されているが、活動を進めるためには連絡文書の作成が必要になる。パソコン教室の日には、毎回、次の活動のために必要な文書案を用意してこられる。最初は文字入力が中心であったが、次第に文書の体裁まで整

えることができるようになった。

毎年三月から四月にかけては、「墓地を美しくする会」の総会資料を作成する時期になる。資料の中には、予算や決算に関わるものもある。それらの文書作成にはエクセルを使う。表の基本の枠組みを作ったあと、各欄への入力はお任せする。初めはカーソルがあちこち飛んだり、一度入力したデータが消えてしまったりで、苦労されていたが、今では前年度の表を使って、ほとんど自力で作成できるようになった。プリンターの接続はお手伝いさせていただいたが、インクの交換、用紙の設置などはマニュアルを見て自身で行える。

B5版十ページの資料の印刷が済むと、それを基に会員全員に配布するための資料作り。B5資料二ページをセットにしてB4用紙にコピーする。全会員（二百五十人）分のコピーは近くのコンビニで行い、二つ折りにして冊子にする。その後自治会ごとに区分けし届ける。初めのころは、他の役員の方に手伝ってもらっていたが、最近はお一人で全てを行っているようだ。

三　カメラを持って

知人からコンパクトデジタルカメラを譲りうけたとのこと。説明書で撮影の方法を学ばれ、クラブ関西の外歩きの行事にはそれを持って参加される。知人と出かけた折には各所で撮影を楽しんでおられるようだ。カメラのデータをパソコンに取り込むお手伝いをしているが、映像をパソコンの中で楽しまれている。ここ三年ほどは、ご自分で撮影した写真を年賀状にされている。

四　木目込みパッチワークで余暇を

三年前から始めたという、木目込みパッチワーク、今では熟練の域に達しているように思われる。木目込みの日は、月一回であるが、暇があると家でも作品つくりに取り組んでいる。それで次々と作品が出来上がる。出来上がった作品は、家の柱や壁面に掲示する。

来客があり、気に入ったといわれると差し上げたり、注文を受けると作ってあげているようだ。

居心地のいいところ

（よしだ　としお）
1938年東京牛込生まれ、
杉並区在住。
清流書道会主宰。

吉田　年男

見過ごしてしまうところも、一歩立ち止まって眺めると、普段気が付かなかったものが、見えてくることがある。寒い冬の時期に、体操をするよい場所はないものか、近くの公園に出かけてみた。

区立「蚕糸の森公園」に隣接する小学校の校庭北側の一角で足を止めた。北側なのに冷たい風の影響も比較的少ない。

じっくり観察すると、新宿と青梅を結ぶ青梅街道に面している駐輪場の建物が、北風の侵入を防いでいる。南側は、小学校の校庭で日を遮るものがない。ごく狭いところであるが、そこにいると心地よく、ぬくもりを感じた。

ほかにも何か所か同公園内に、体操に適した場所をすでに確保している。ひとつは南側の敷石が敷いてあるところだ。一年を通じて一番よく利用している。あずまやの近くで、池の周りにはステンレス製の手すりがあり、それを使って体を動かすには便利なスペースだ。そこを勝手に道場と名付けている。

道場と公園内の通路との間には段差があった。歩き難さが気になっていたが、最近補修された。敷石と通路が面一になり、車いすの方でも自由に道場へ入れるようになった。利用者からの要望で区が対応したのであろうか。そのこともあって、一番人が集う人気のところだ。

もう一か所、居心地のいいところを確保している。道場より少し東側の、赤松や椎の木などの大木が植えられているところだ。畳十畳くらいの平らな土のスペースがあり、蒸し暑い夏の時期は、そこで体操をしている。

この場所を見つけたのは、ネコがキッカケであった。赤松や椎の木などは、普段見慣れていたので、その前を素通りしていた。

ある日、椎の木の切り株のところに黒毛で足の部分だけが白いネコがいるのに気付いた。

身体は大きく雄ネコだったかも知れない。彼は目を細めて切り株の上で気持ちよさそうに寝そべっている。その仕草に引き寄せられるようにそばに歩み寄った。気付かれないように脇に立っていると気持ちがいい。スニーカーの底からは柔らかい土の感触が伝わってくる。その上、薄手の長袖運動着の中を通り過ぎる風がなんとも心地よい。

ネコは、居心地のいいところを探し当てるという。冷静になって考えてみると、家の中でも、確かに環境がよくて、過ごしやすいところにいつもネコはいるようだ。

今回、新たに見つけた公園北の暖かい場所所は、狭いところではあるが、居心地のいいところだ。一年を通して、暑い日もあれば寒い日もある。温暖化の影響なのか？　シーズンを通じて寒暖の差が近年特に大きくなったように感じる。

このたび、またひとつ公園の北側に居心地のいいところを見つけたことで、日課にしている体操を、これからも永く続けられそうな気がしてきた。

感謝の残夢整理

石井　志津夫

（いしい　しずお）
1940年山梨生まれ、千葉市幕張に在住。PSK（ピン、シャン、コレカラを楽しく）をモットーに、定年後、二人三脚の3Ｖ生活（Visit/いい人に会う、Villa/二住生活・週末農業、Volunteer/笑いのボランティア）を実践中。日本笑い学会、シニア大楽講師。

小学校の作文で、「七十五歳まで生きたい」と書いた記憶がある。昨年喜寿を祝い、幸いにも目標をクリヤーできた。ここまで辿ることができたのは、妻や家族・先輩・友人などに、支えられてきたことは、言うまでもない。感謝してもしきれない。

「人生百年時代」と言われる様になった。その第四コーナーに入った感じがする。体力と気力があれば、終活をする時間は十分にある。やり残した夢は、いくつかあるが、中でもこれだけは、夢に終わらせたくない一つがある。それは、私の過ごしてきた、ふるさとと過去を想い出し、かみしめながら、自らを主役にした『人間学びエッセイ』を本にすることである。

ふりかえると、私は、四つのふるさとで過ごした。時間的に偶然にも、私の人生の四段階と重なっている。

第一段階は、生まれ育った地、山梨の富士見村（現　笛吹市石和町）で、過ごした学生期《がくしょうき》。

次が社会人となり、結婚をし、子供を持って、サラリーマンとして活動した、茂原市（千葉県）と幕張（千葉市）で過ごした家住期《かじゅうき》。

第三段階は、仕事を離れて、自遊人となった林住期《りんじゅうき》である。自称あくせく自適の三V生活をはじめた。大網白里市に終の住処を探し、幕張との二住生活を妻と共に楽しんでいる。

古代インドの教えでは、最後は、遊行期《ゆぎょうき》といって、林（庵）から出て、遊びをしながら人に道を説くとある。人生の仕上げである。三感（達成感、成長感、充実感）が得られ、加えて周りから評価される、理想的な過ごし方ではないだろうか。

五十歳から始めた、情報発信、一人新聞「ジョークサロン」は、二十年二百号で終わった。この新聞の中に、生活、健康等に関する私見として「差論」を毎号に載せた。併せて六十の「差論」が発信できた。以降は、自分流に、エッセイを書いていた。タイミングよく、平成十八年六月に、「元気に百歳」クラブに、エッセイ教室が立ち上がり、参加することができた。

エッセイ教室は、毎月一回開催、進め方は、冒頭に講師の西原先生が、講議し、引き続いて提出作品を、メンバーで講評し合う。最後に先生から添削と総括講評がなされる。講義で、「人間にはこういう所があるよな」と感じさせること、「エッセイで、自分自身をさらけ出した時、他人を感動させることができる」は、なるほどと思ったものだ。結果として、「失敗談」「自分の恥部」「隠したいこと」を、勇気を持ってさらけ出し、書くことができるようになった。お陰で五十の作品を書きあげることができた。

これらの作品を中心に、『人間学びエッセイ』の編集に取りかかったところである。

来年は、傘寿をむかえると同時に、金婚となる目出たい年になる。念願の本を完成させたい。今までお世話になった、先輩や同僚、交遊頂いた友人等に、感謝の気持ちを込めて、お礼を申し上げたい。また、その本を読んでいただけたら、これ以上の幸せはない。

私のモットーは、ＰＳＫである。これからの余生も、ピンとして、シャンとして、コレカラも、夢の実現を目指して、楽しく過ごしたいと思っている。

百年時代の人生戦略

（よしだ　しゅういちろう）
神奈川県川崎市在住。一般社団法人神奈川健康生きがいづくりアドバイザー協議会（神奈川健生）所属、勉強会「エンジョイエイジングクラブ」代表・世話人。

吉田　修一郎

この原稿を執筆している六月は、一般社団法人「神奈川健康生きがいづくりアドバイザー協議会」（神奈川健生）で、私が二〇一〇年に立ち上げた勉強会「エンジョイエイジングクラブ」（旧　目指せ健康百歳倶楽部）の七月講演会準備の真っ最中です。

テーマは、流行語大賞候補になりそうな「百年時代の人生戦略」です。

約二百二十名の神奈川健生会員に講演会案内をメールしたところ、即日募集定員二十四名の申し込みがありました。

ひとつ目のテーマは「私達のこれからの人生戦略を考える」ことです。

人生の戦略（Strategy）とは「人生の目的を決めて理想的に生きた、未来のあなたを達成するためのシナリオを作ること」といえます。

私が考える人生の目的とは「人生の持ち時間を目いっぱい楽しむこと」で、そのためのシナリオのテーマは「学び・遊び・交わり」です。

「学び・遊び・交わり」は、具体的には読書・旅・仲間作りのことと考えています。

当勉強会は、読書等で得た知識をアウトプットするための舞台と位置づけています。

旅は、この一年はヨーロッパの街並みを二回、沖縄の海、信州の山、秋田の雪見露天風呂等に行き、多くの非日常体験を味わいました。

仲間づくりは、当勉強会のほか三つの同窓会の世話役を買って出て、会場の手配、メンバーへの案内等で年中休みなく忙しい状態です。

ふたつ目のテーマは「巷に溢れる誤解を生む健康情報に踊らされず、しっかりしたヘルスリテラシーを勉強会の会員間で共有する」ことですが、六月の日経新聞に中川恵一東大病院准教授が、このテーマについて書いた記事を見つけました。

「ヘルスリテラシー」の国際比較調査ではアジア各国で台湾が最上位に対し、日本はミャンマー・ベトナムよりはるかに低く、断トツの最下位です。

大型書店では健康情報本が何千冊も並んでいて、健康情報は十分なのになぜアジアの最下位なのでしょうか。

私は出版社・著者等が、あまりに作り手目線（プロダクトアウト）で作りすぎているのが一因ではないかと推測しています。

私たちは、多くの生活習慣病の効果的な予防法を切実に求めているのに、一体病名別・症例別に書かれている健康情報本を何百冊読めばよいのでしょうか。私たちのニーズを満たす健康情報をぜひ提供（マーケットイン）してほしいものです。

「玉石混淆の健康情報」では、例えばネットで「肺がん」を検索したところ、上位八十番目までの記事の内、正しい内容を紹介したサイトは驚いたことに半分以下だったそうです。がんと診断されるケースのうち、半分近くが生活習慣によるものであり、予防には禁煙・節酒・塩分制限・運動習慣・体型維持が重要でこれ以外はほとんど科学的な根拠はないという意外な内容でした。

私が考えている健康寿命を延ばすためのヘルスリテラシーの対象をまず挙げるとしたら高齢になっても成長すると言われている「脳と筋肉」です。

脳は牛乳の紙パック一個分の大きさに、人生のすべての経験・記憶が詰まっていて、かつ、エネルギーの消費量は電球一個分と言われています。そして身体を動かすことほど、脳に影響を及ぼすものはないそうです。

脳の機能を高めるには脳トレより戦略的に体を動かすほうが、はるかに効果的と言われています。

筋肉の多くを占める骨格筋は体を動かすだけではなく、アルツハイマー病・がん・糖尿病・脳卒中・心疾患・高血圧症等の生活習慣病発症の抑制に効果がある、三十種以上のホルモン群を分泌しているそうです。

特に糖尿病は「筋肉が原因の病気」と言われるくらい筋肉の機能と関係しています。

八十歳以上の高齢者でも必要な栄養を摂取し、ウオーキングなどの効果的な筋肉のトレーニングで筋肉量が増えることがわかっており、最も手軽にかつ効率的に脳と筋肉を成長させられることになります。

出版社・著者等には、なるほどと理解し、すぐに実行できる健康情報を提供していただきたいものです。

七月の講演会では、これらのヘルスリテラシーを取り上げようと考えています。

「ときめく」世代を生きて

安田　冨郎

（やすだ　とみお）
名古屋市北区東大曽根町出身。
日立製作所に就職すると同時に茨城県日立市に住んで、50年以上経過、現在妻と娘家族の３世代同居。

今号のお題が「ときめく」ということなので、広辞苑で「ときめく」を引いてみました。

①　喜びや期待のために胸がどきどきする。

②　良い時機に合って栄える、時を得てもてはやされる。

という二つの言葉がありました。「元気に百歳」クラブの会員諸兄の平均年齢が分かりませんので、自分のことを年寄りと表現して良いのかためらいますが、高齢となった今は、若い時のように①の「ときめき」を意識する機会が減ったように思います。

そこで、①と②の両方について、心に浮かぶ、よしなしごとを述べてみようと思います。

先ず、②の方の「ときめき」です。私は、六十二歳で日立製作所・グループ会社を定年退職して自由時間が増えました。後期高齢者になって町工場の顧問も止めて、更に自由時間が増加しました。これにより、趣味・道楽の世界でまさに時を得て、水を得た魚といった「ときめいた」生活をしています。

最も時間とエネルギーを使ったのは、「健康太極拳」です。戦前の中国からの留学生で戦後帰化された楊名時（よう・めいじ）先生が、中国の「二十四式簡化太極拳」を日本人向けに心身の健康志向にアレンジされたものです。一、極めてゆっくり動く　二、心と呼吸と動きを一致させる　三、他者と競わない、の三点が特徴です。

ゆっくり動き、且つ深く長い呼吸をすることで、副交感神経が刺激され、ストレス解消や免疫力の向上に繋がり、いわゆる遅筋が鍛えられて、転倒防止に効果がある、といわれています。私は、六十七歳から始めて十五年以上の修行の末、師範の免許を頂きました。まだまだ奥が深いので動ける間は修行を楽しむつもりです。

趣味と実益を兼ねた特許や規格類の和訳、英訳は定年退職以来、現在も続けています。一番印象に残っているのは、最近、自動車業界で次世代技術として話題の、水素燃料電池車に使用する水素貯蔵合金についての米国特許を、今から十数年前の早い段階で和訳したことです。この時は①の「ときめいた」仕事ができました。現在、某翻訳会社の下請けとして、規格・規則類の和訳を月一回程度していますが、現役時代身に付けた技術的知識が今になって生き、②の「ときめき」を与えてくれています。

現在、他にやっているのは、囲碁、家庭菜園、日立歴史研究会活動、市内小中学生対象の日立理科クラブ講師（内規で今年定年退任）などです。これらは、十分な時間とそれなりの経済的基盤を与えられたことにより、②の「ときめき」を得ることができています。

これから述べる二つの話は、全く愚痴に近い独り言ですが、会員諸兄がどのように受け止められるか、何かの機会にご意見を承ることができれば幸いです。

一つ目は、我々高齢者と呼ばれる世代、特に当クラブ会員など、十分な時間とそれなりの経済的基盤をもつ者にとっては、健康面で条件が悪くなければ、現在は①と②を満喫できる時代だと思います。しかし、これからの社会が今のまま推移して行った場合、次の世代、次の次の世代へ、②の「ときめき」の機会を残していけるのか心配です。

我々は高齢者として、次の世代の将来の生活設計には無関心で、自分たちだけが健康で楽しい毎日を送れば、それで良いのでしょうか（健康は即、社会貢献ではありますが）。

我々の世代から指導力のあるリーダーが名乗りを上げ、今後、増強される「老人パワー」

を結集し、次世代へ美田または美田となり得る開拓用地を遺すことを、期待します。

二つ目は、ＡＩ技術についてです。ＡＩ技術の発達がもたらす社会は、勝ち組と負け組の二極化が顕在化するのではないかと心配しています。そうなった場合、②の「ときめき」を享受できるのは、一握りの富裕層集団に限られてしまう心配はないでしょうか。

原子力発電と原子爆弾に代表される科学技術の明と暗、光と影の二面性を考えるとき、ＡＩ技術の負の面を抑えて、正の面だけを享受する、上手い解があるのでしょうか。

数学の教えるところでは条件次第で、解の無い連立方程式は山ほどあるわけですから、人間を含めた自然界に幸せをもたらすという解がある、ということを見極めてから、ＡＩ技術の開発を加速しても、遅くはないと思います。

過去においては、「あまり考え過ごす者は、何事も成し得ない」（シラー）、「やってみもせんで、何が分かる」（本田宗一郎）など、まず、やってみろということが開発者たるものの必要条件のように言われてきました。しかし、最近のようにＩＴ技術の進歩によって物凄い開発速度が得られている状況下では、一歩も二歩も立ち止まって、ゆっくり考えてからスタートしても、「寝過ごしたウサギ」にはならないですむのでは、と考えるこの頃です。

表紙のことば

ときめきせんとや生まれけん

上村禎彦（かみむら　よしひこ）

よわい七十六にもなると「ときめく」ことがめったになくなります。その中で唯一のときめきは「博多どんたく」です。毎年五月三・四日に博多の街中で行われる博多どんたく港祭りは、ゴールデンウィーク中二日間で二百万人を越える観客を全国から集める日本一のお祭りです。参加するどんたく隊は七百隊を超え、それぞれ独自のスタイルで出場します。我がどんたく隊は、僕が主催する商売繁盛研究会と健康食品通販のやずやがひとつになり、「商売繁盛やずやどんたく隊」として二十七年間連続出場しています。

僕は隊長兼振付師をまかされていますので、毎年若い人にも高齢の人にも合う曲選びをし、振り付けをし、テーマを決め、コスチュームをデザインします。一番大事にするのは手が招き、首が回るメカ招き猫のメイクです。左右一・五メートル、前後三メートル、高さ三メートルの山車に納まる招き猫は、どんたく隊のシンボルになりますので、テーマに

そって楽しくメイクします。最近多くなった中国や韓国やアジアからのお客さんに、招き猫はとても人気があり、二日間いたるところで一緒に写メに納まります。つまり博多どんたくは、曲目、振り付け、コスチューム、山車でつくる総合デザインなのです。

今年のテーマ曲はモーニング娘の「ひょっこりひょうたん島」で、テーマは元気な海賊、メイクはガイコツマークと眼帯。百三十名の踊り子さんが海賊スタイルでステージやパレードを踊りまくりますので、大迫力・大人気・大爆笑でした。おかげさまで追っかけ（と言っても六十・七十代の女性が多い）も出てくる始末。恒例どんたく人気コンクールで二年連続最高賞をいただき、大満足でした。

もう来年のどんたくに向け、ときめいています。

編集後記

クラブ誌19号出版チーム
喜田祐三、芦尾芳司、本間芳得、森田多加子
奥田和美、河端悠紀子、筒井隆一、林荘八郎

19号のテーマには、約十個の候補の中から「ときめき」を選びました。このテーマなら、きっと多くの応募があると思っていました。青春時代の恋心、破れた恋、実った恋などを初めとして、心をときめかせた想い出が盛り込まれた、多くの作品が届くものと信じていました。

しかし、応募を締め切った三月末では、申し込みは三十名に留まりました。

出版チームは、手分けして皆さまに投稿をお願いし、その結果五十九作品を確保することができました。ご協力いただいた方々には厚くお礼申し上げます。

巻頭言は、今回も白澤卓二先生から頂戴しました。

そしてゲスト投稿を、山田俊広様から頂戴し、本号を飾っていただきました。

上村禎彦画伯からは、今回も楽しい表紙絵をいただきました。厚くお礼申し上げます。

皆さまからは、いろいろな作品が集まりました。

若き日のロマンス、胸が高鳴った楽しい旅行の回想を初め、良き伴侶の想い出、懐かしい時代と友だち、スター選手への憧れまで、内容は豊富です。

原稿提出の締切日には全ての作品が出版チームに届きました。ありがとうございます。おかげでゆとりをもって校正・編集作業を進めることができ、感謝の気持ちで一杯です。

原稿の校正にあたっては、皆さまの原稿の一字一句を大切にしました。

その後の編集と目次つくりは、楽しい作業でした。

クラブ誌の発行にあたっては、投稿者の確保、印刷数の維持は、年々難しくなってきました。一方では、編集スタッフも高齢化を迎えています。

しかし、ともあれ今年も素敵なクラブ誌になりました。

どうか、このクラブ誌を友人・知人にも広くご紹介ください。

チームは校正・編集、受注・発送、集金・管理の三つの役割に分かれて活動しました。役割分担が有効に機能し、発刊までスムーズに漕ぎ着けることができました。

クラブ誌19号に対する皆さまのご意見・ご感想を、事務局へメール・ＦＡＸで、お寄せください。今後に活かしてまいります。

今年も編集、出版にご協力いただいた「夢工房」の片桐務さまに、厚く御礼申し上げます。


（出版チームリーダー　林　荘八郎　記）

寄稿者一覧表　（五十音順）

あ行
青山　貴文（埼玉県）………… 32
芦尾　芳司（神奈川県）……… 94
石井志津夫（千葉県）…………239
石川　通敬（東京都）………… 76
出雲　晋治（奈良県）…………208
板倉　宏子（東京都）………… 64
井上　清彦（東京都）…………158
今岡　昭栄（東京都）………… 98
上田　恭子（東京都）………… 80
太田　颯衣（東京都）…………146
大山　昭典（東京都）………… 49
奥田　和美（東京都）…………150
か行
金田　絢子（東京都）…………196
樫塚　　進（東京都）…………202
川嶋　文代（東京都）…………188
河田　和子（広島県）………… 68
喜多　誠順（奈良県）…………232
喜田　祐三（東京都）…………136
木下　幸子（神奈川県）………212
きむキョンヒ（東京都）……… 90
楠田正一郎（奈良県）…………224
暮部　恵子（奈良県）………… 60
桑田冨三子（東京都）…………120
向野　幾世（奈良県）…………172
さ行
齋藤　豊一（愛知県）…………125
酒井千代子（奈良県）…………140
渋川　　奨（福島県）…………110
清水　研一（東京都）………… 36
清水　文子（東京都）………… 44
白澤　卓二（ゲスト）……………8
住田　道人（東京都）…………106
関口　　明（神奈川県）……… 28
た行
武智　康子（東京都）…………168
竹前　義博（東京都）…………132
伊達　正幸（神奈川県）………114
田邉　瑞代（東京都）………… 85
月川りき江（東京都）…………184
筒井　隆一（東京都）…………154
寺田　　薫（千葉県）…………102
遠矢　慶子（神奈川県）………176
な行
中西　成美（東京都）…………128
中野　哲一（愛知県）…………220
能作　靖雄（富山県）…………134
は行
林　荘八郎（神奈川県）………164
原　　好子（東京都）………… 56
廣川登志男（千葉県）………… 52
平井　幸雄（東京都）………… 25
船戸　捷壽（静岡県）………… 22
本田　彩雪（愛知県）…………118
本間　芳得（神奈川県）………192
ま行
松田　啓司（香川県）…………228
丸山　泰世（神奈川県）………142
森田多加子（茨城県）………… 72
や行
安田　冨郎（茨城県）…………246
山口　規子（東京都）………… 40
山田　拓男（東京都）…………216
山田　俊広（ゲスト）………… 15
横手　泰子（東京都）…………180
吉田修一郎（神奈川県）………242
吉田　年男（東京都）…………236
わ行
和田　譲次（神奈川県）………199
表紙のことば
上村　禎彦（福岡県）…………250

元気が最高のボランティア
『元氣に百歳』第19号

定価　本体1,200円＋税
2018年10月10日　初版第１刷発行

企画・編集　「元気に百歳」クラブ©
代表　喜田祐三
連絡事務所　〒188-0012　西東京市南町6-4-12-202　板倉宏子
TEL/FAX(042)467-2259　E-mail info@v100c.org
『元氣に百歳』19号出版チーム
E-mail　syuppan@v100c.org

制作・発行　夢工房
〒257-0028　神奈川県秦野市東田原200-49
TEL(0463)82-7652　FAX(0463)83-7355
URL http://www.yumekoubou-t.com
2018 Printed in Japan　ISBN978-4-86158-083-3 C0036　￥1200E